# なぜ難民を受け入れるのか

## ——人道と国益の交差点

橋本直子 Naoko Hashimoto

岩波新書
2018

# はじめに
## ――なぜ「難民受け入れ」を問うのか――

「生まれの偶然性」(Accident of birth)。

一九九九年から二〇〇〇年までオックスフォード大学の難民研究所で私が一院生として学んでいた際、講師陣はこの「生まれの偶然性」という概念に繰り返し言及していた。政治哲学者H・アーレントの思想に基づくものだが、この概念と難民保護の間に深いつながりがあることを私が真に理解するには、その後二〇年以上の実務経験と学術研究を要した。読者には、結論を先取りする形で、この概念を頭の片隅に置きながら本書を読み進めて頂きたい。

ここに一つ興味深い国際比較データがある。グローバル調査コンサルティング会社のイプソス(Ｉｐｓｏｓ)が近年、毎年六月二〇日の「世界難民の日」に、「難民に関する意識・行動調査」という二九カ国の国際意識比較調査報告書を出しており、日本も対象国の一つである。二〇二三年版の集計結果を見ると、必ずしも日本の回答者だけが極端に非人道的とか閉鎖的とかいうことはないのだが、多くの質問で「どちらでもない」、「わからない」、あるいは無回答とした回答者の割合が他国に比べて日本だけ明らかに高いのである。

例えば、「国が難民を受け入れる最も重要な理由は、次のうちどれだと思いますか？」という設問に対して「わからない」と答えた日本の回答者は二一・一％、「難民が日本で受けている待遇は、どの程度良いまたは悪いと思われますか？」に対しても「わからない」とした日本の回答者は三六・七％、そして「難民支援に関して、過去一二カ月間にあなたが行ったことをお答えください」に対して「何も行動を起こしていない」とした日本の回答者は九三・一％と、いずれも世界一位となった(図0-1)。そもそも日本の総人口に占める難民の割合が極めて低い、だからよく知らないという事情もあるかもしれないが、イプソスも「日本の難民に対する意識や理解は他国と比べて低く、多くの人々が、難民に関する正確な情報を持っていないことが、今回の調査で明らかとなった」と結論づけている。本書はまさにそのギャップを埋めることを目的の一つとしている。

確かに「難民受け入れ」には不可解な点が多い。そもそも国家とは自国民を最優先させるのが当然という「現実主義」的立場からすれば、難民受け入れほど非合理なことはない。しかし世界各国は保守派政権時も含め、第二次世界大戦以降だけでも累計で数千万人規模の難民を実際に受け入れてきた。難民を「安い労働力」として利用するためではという見方もあるが、北欧諸国などは伝統的に障碍者や重病人などの極めて脆弱な難民も積極的に受け入れてきた。またそもそも世界の難民の約八割は常に「途上国」、つまり安い労働力は豊富にいる国々が受け入れている。さらにイプソス調査では「難民を受け入れる最も重要な理由」として「国際法に基づく法的義務」という回答も日本では一五%ほどあるが、法的義務ではない「第三国定住」ルート(第三章参照)での難民の迎え入れを行うOECD諸国が近年増えている。このように

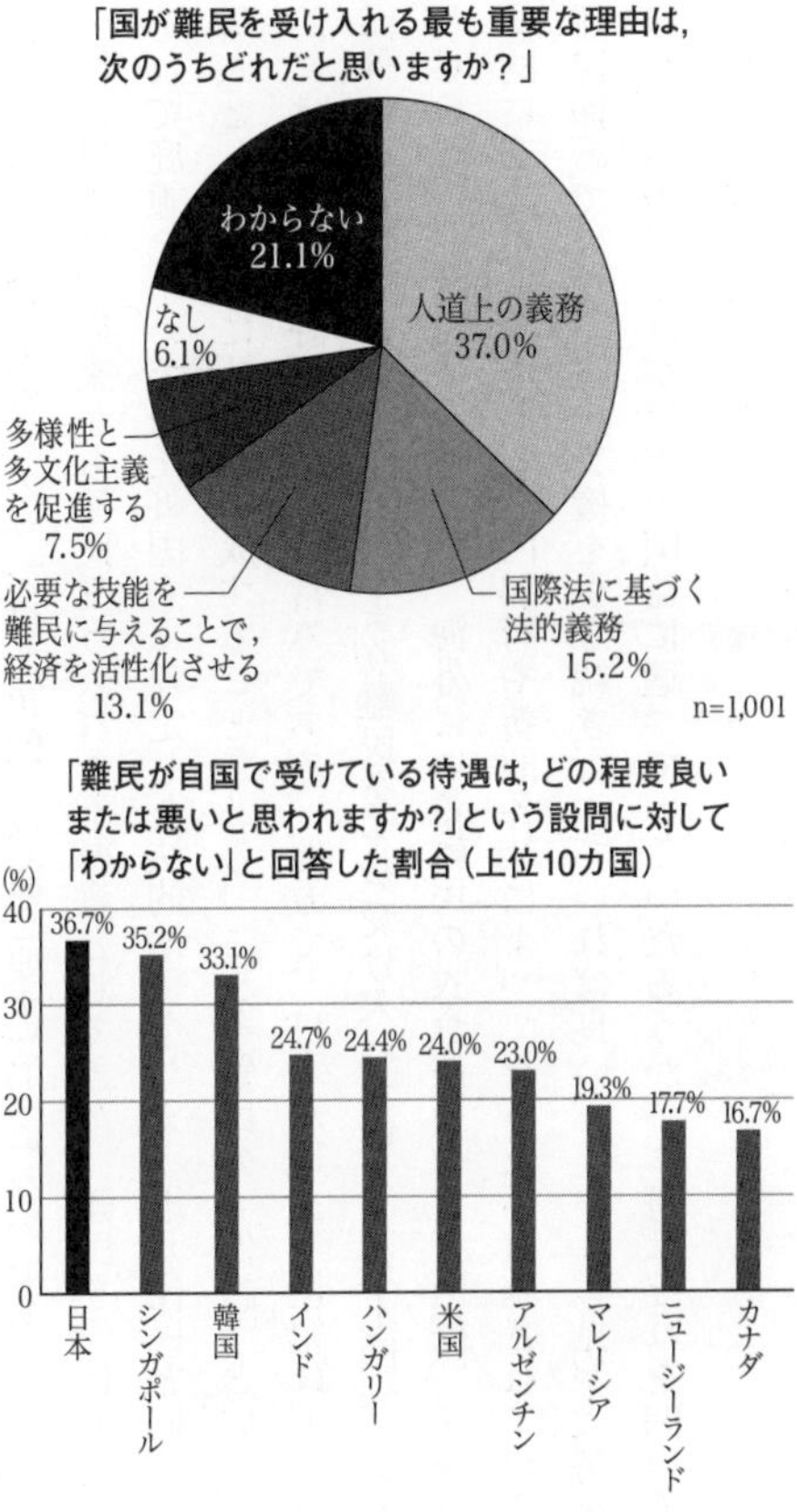


図 0-1　イプソス(Ipsos)「難民に関する意識・行動調査」における日本の回答(2023 年)

出典：イプソス株式会社，2023 年 6 月 22 日付プレスリリース．作図＝前田茂実

注：調査手法などについて詳しくは Ipsos のホームページ https://www.ipsos.com/ja-jp/world-refugee-day-2023-japan を参照．

「なぜ難民を受け入れるのか」は多角的な検討を要する問いなのである。

特に日本は、従来から難民受け入れを不得意としてきた。難民を受け入れるとは、迫害をおそれて庇護を求めて来た外国人に安定した法的地位を与え、地元住民と同等の権利を保障し、隣人として一緒に社会を構成することである。これを難民の「保護」という。難民保護は究極的には国家しか許可できない営みである。他方で、日本が過去半世紀ほど得意としてきたのは、海外にいる難民の「支援」、つまり難民を多数受け入れている「途上国」、あるいは国際機関やNGOへの財政拠出を通じて、海外にいる難民の衣食住や教育、医療、インフラ整備などを間接的に支える営みである。内閣府や新聞各社によってたびたび実施されている世論調査でも、難民保護ではなく難民支援を引き続き行っていれば良い、という意見が大勢を占めることが多いが、本当にそれが日本の国益に適っているのだろうか。本書はそれを問い直すことも目的の一つとしている。

二〇二二年末段階で、国連難民高等弁務官事務所(UNHCR)は、世界で約一億八四〇〇万人が何らかの理由で強制的に家を追われていると推定した。日本の総人口にも迫る数である。図0-2にある通り、この中には、出身国内で避難している国内避難民(約六二五〇万人)、UNHCRの保護・支援対象である難民や難民に準ずる人(約二九四〇万人)、UNHCRとは別の国連機関である国連パレスチナ難民救済事業機構（ＵＮＲＷＡ）の支援対象者（約五九〇万人）、難民かどうかの認定がまだ下されていない庇護申請者（約五四〇万人）、その他の要保護者（約五二〇万人）が含まれる。それらの全員が国際法上に言う「難民」（第一章参照）とは限らないが、何らかの要因で住み慣れた家や土地、国を強制的に追われた者であり、彼らを総称して「強制移住者」（forced migrants）と呼ぶ。

この図からわかる通り、近年はその半数以上を（難民の定義からは外れる）国内避難民が占めており、例えば日本でも災害が起きるたびに多くの国内避難民が発生している。ただし国内避難民対応において第一義的な責任を負うのはその国の政府であり、基本的には一国内の人権・人道政策、ガバナンスの問題である。また世界には日本国籍を有する難民もごく少数いるが、その要因は日本政府による日本人の人権保障の問題と捉えられるため、他の論考に議論を譲りたい。さらに難民と関連して「無国籍者」も重要なカテゴリーではあるが、必ずしも全ての無国籍者が移住を強いられ

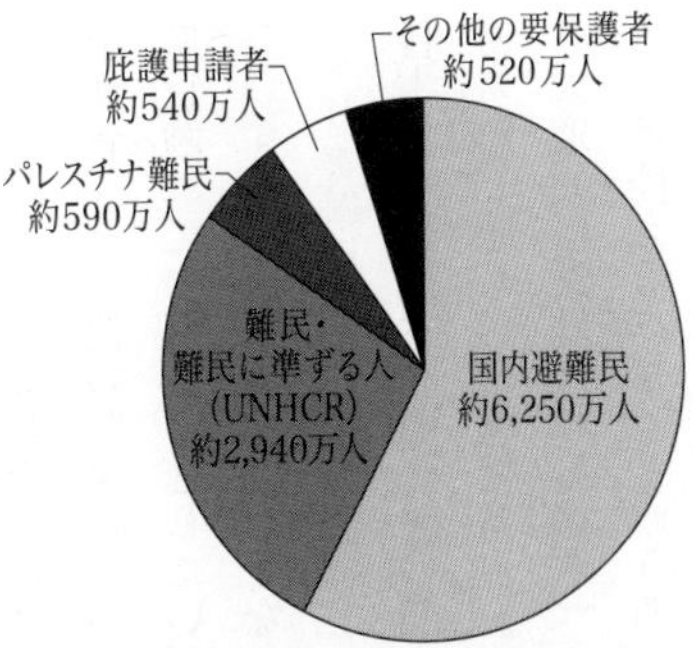


**図 0-2**　世界における強制移住者（2022 年末）
出典：UNHCR，2023 年 6 月発表報告書より筆者作成．作図＝前田茂実

たわけでなく、また全ての無国籍者が難民でもない。本書では、難民や難民に準ずる者、庇護申請者、その他の要保護者のための政策を主な考察対象とし、その他の強制移住者については適宜触れていくこととしたい。

いずれにせよ、このような強制移住者の数は年々増え続けており、二〇一一年来のいわゆる「シリア難民危機」を経て、二〇二一年から二〇二三年の入管法改正をめぐる大論争もあり、日本でも難民「問題」への関心は徐々に高まってきた。難民「問題」の民主化は歓迎すべきであるが、正しい情報に基づかない感情的な論争も広がりを見せている。「可哀そうだからもっと人道的に受け入れるべき」という積極論と「難民受け入れは日本の国益に資さないのでできるだけ控えるべき」という消極論は真っ向から衝突するが、双方において難民保護の真髄を理解していない表層的思考も散見される。そもそも一言で「受け入れ」と言っても本書で見る通り世界では実に様々な受け入れ方法があり、反対派も賛成派もいったいどの方法を念頭に主張しているのか不明瞭・無自覚な場合がほとんどである。SNS上で拡散される難民関連情報の圧倒的大部分はフェイク・ニュースないし一部の事実の誇張に過ぎない。本書では、受け入れの是非を論じる大前提として必須となる事実と論理を、できる限り中立的に提供することを目指す。

まず第一章は、難民とは誰のことかを再確認する。なぜなら難民の定義には、難民受け入れの歴史的背景と論理が如実に反映されているからである。第二章は、自力で他国にたどり着いた難民を世界がどう保護してきたのか、第三章は、まだ他国にいる難民を能動的に連れて来て保護する方式を概観する。その双方の受け入れ論理において、人道と国益が交差する様子に光を当てたい。第四章は、日本がいかに難民を受け入れて来たのか、来なかったのか、過去五〇年を振り返る。第五章は、難民受け入れに対する懸念としてよく挙げられる治安悪化と財政負担について、データに基づく検証を試みる。第六章は、極右政党が台頭する北欧諸国がなぜ極めて脆弱な難民をまだ積極的に受け入れられているのか、ノルウェイの事例を中心に解明したい。その上で「おわりに」では、今後の日本の難民受け入れのあるべき姿について私見を共有したい。

本書の随所に、筆者が研究者としてだけでなく実務家として見て来た景色も、許される範囲内で織り交ぜた。私は一九七五年、つまり日本が本格的に難民と「出会った」年(第四章参照)に生まれ、キリスト教系の学校に通ったこともありチャリティー活動を通じた難民支援には長年触れてきた。学部時代にはルワンダや旧ユーゴスラヴィアで大虐殺や民族浄化が起き、細々とボランティア活動に関わった関係で一九九八年の冬にセルビアを訪れる機会もあった。次頁に掲げたのは、そこで出会った難民の孤児が描いてくれた絵である。その経験で難民「問題」に目覚め、イギリスで強制移住学の修士号を取得、その後は国家側のロジックや多国間外交の

**図0-3**　セルビア共和国の避難所で筆者がボランティアをしていた際に知り合った，孤児となった女の子が描いてくれた絵(1998年2月)
出典：筆者提供

仕組みを実際に学ぶために外務省の在ニューヨーク国連代表部で人権人道問題担当の専門調査員として勤務した。二〇〇四年から二〇一五年は国際移住機関(IOM)やUNHCRの職員として、ジュネーヴ、北部スリランカ、東京などで勤務し、世界各地の強制移住者の保護と支援に実務家として携わった。その間、法務省の入国者収容所等視察委員会の委員を務めたこともあり、現在も法務省の難民審査参与員を務めている。本書はそれらの実務経験と共に、イギリスでの修士および博士課程における研究、そして二〇一九年から教鞭を執らせてもらった一橋大学、東京外国語大学、東京大学における「Refugee and Forced Migration Studies」に関する英語での講義と学生との議論も反映させている。ただし、本書の内容は全て私個人の経験、研究、考えに基づいており、いずれの組織の公的見解も代表するものではない。

難民受け入れの論理に特化した和書は管見の限りでは本書が初と理解するが、既に多くの先人たちが本書のテーマと隣接する分野で優れた著書を出されている。岩波新書だけに限っても例えば、本間浩『難民問題とは何か』(一九九〇年)、田中宏『在日外国人』(第三版、二〇一三年)、貴堂嘉之『移民国家アメリカの歴史』(二〇一八年)、申惠丰『国際人権入門』(二〇二〇年)、筒井清輝『人権と国家』(二〇二二年)、宮島喬『「移民国家」としての日本』(二〇二二年)などがある。併せてお読み頂きたい。

# 目　次

はじめに

第一章　難民はどう定義されてきたか ……………… 1
——受け入れの歴史と論理——
国民国家体制と「難民」の誕生——第二次世界大戦まで／難民条約の成立／難民条約上の難民の定義／アフリカと中南米における広い難民の定義／戦争・武力紛争と難民／難民に準ずる別の地位を作ったEU諸国／難民受け入れ制度の空白地帯アジア／領土的庇護と外交的庇護／第二次世界大戦後にできた三つの重要な国際機関／移民と難民の違い

第二章　世界はいかに難民を受け入れているか……35
――その1「待ち受け方式」――
自力でたどり着いた庇護申請者の難民認定審査／難民の集団的受け入れ――なぜ「途上国」は寛大なのか／国家間の保険制度としての難民保護／一時的保護／補完的保護／一時的保護と補完的保護の違い――EUの場合

第三章　世界はいかに難民を受け入れているか……73
――その2「連れて来る方式」――
第三国定住とは／第三国定住での受け入れの流れ／「連れて来る方式」と「待ち受け方式」との違い／「待ち受け方式」と交換にされる第三国定住／難民以外の立場での受け入れ／民間スポンサーシップ／本国からの直接退避

第四章　日本は難民にどう向き合ってきたか……113

外国にいる難民支援のための財政的援助／インドシナ難民への対応——一九七五年から二〇〇五年／難民条約に基づく個別庇護審査——一九八二年から／なぜ日本の難民認定率は低いのか／第三国定住——二〇一〇年から／留学生としての受け入れ——二〇一六年から／アフガニスタン現地職員の退避——二〇二一年から／ウクライナ（避）難民の積極的受け入れ——二〇二二年から

第五章　難民は社会にとって「問題」なのか……165
難民はそもそも「エリート」

1　難民と犯罪……168
難民の定義から除外される場合／難民の追放が許可される場合／難民条約以外の国際法における送還停止規定／難民受け入れは「治安リスク」なのか／日本における外国人犯罪

2　難民受け入れによる財政負担……191
庇護申請者への公的支援／第三国定住難民のみへの公的支援／定住支援プログラムにかかる公的費用／難民を含む外国人と生活保護

第六章　なぜ「特に脆弱な難民」を積極的に受け入れるのか……205
——北欧諸国の第三国定住政策——
スウェーデン、デンマーク、フィンランドの第三国定住政策の概要／なぜわざわざ「特に脆弱な難民」を受け入れてきたのか／近年のデンマーク、スウェーデン、フィンランドにおける変革／ノルウェイの第三国定住政策／なぜノルウェイだけ「パラダイム・シフト」が起きていないのか／ノルウェイの極右政党の戦略／政治交渉と妥協／人道性と定着可能性のバランス感覚／犯罪率の減少／世論による根強い支持と広範な理解／王室ファクター

おわりに …… 249
あとがき …… 257
主要参考文献

# 第一章　難民はどう定義されてきたか
## ――受け入れの歴史と論理――

「難民を保護する」という営みの原点はどこに見いだせるのか。人類はどのような人を、なぜ受け入れてきたのか。その歴史的背景を紐解くことで、受け入れの論理と現在の「難民」の定義の本質をより明確に理解することができる。

### 国民国家体制と「難民」の誕生――第二次世界大戦まで

人類の歴史において、共同体の出現と（今日で言う）「難民」の存在とは表裏一体の関係にある。たまたま生まれ育った共同体の一体性や同質性を乱すとされた者や権力者に異を唱える者は「異端」、「反乱分子」として追放され、追放された者のうち別の共同体によって危険ではないと判断された者が、その別の共同体に属し居住することを許された。

中世までは共同体間の線引きが比較的あいまいであり、西欧では激しい宗教対立も展開したことから、教会が中心になって異端者の庇護が行われた。近世における難民事象の代表的事例として紹介されるのが、一六世紀から一七世紀にかけてフランスで迫害されたカルヴァン派のキリスト教徒、いわゆるユグノーである。基本的には、カトリック教徒によってプロテスタント教徒が虐殺や弾圧を受けるというキリスト教内の宗派間対立であった。対立はナントの勅令(一五九八年)によっていったん収束するが、一六八五年にルイ一四世が勅令を廃止しカトリックを事実上の国教と定めると、数十万人のユグノーが主に(現在の)ドイツやイギリス、オランダに逃れ、受け入れ先の産業発展に寄与したとされる。異なる信条を持つために出身国で迫害される者を庇護するという論理は、難民保護の中核的論拠の一つとして現代まで受け継がれている。ただしユグノー受け入れは人道性と共に、受け入れ社会側の宗派との親和性や、商工業に従事するユグノーがもたらす経済的利益を期待した庇護だったという指摘もあり、難民保護ロジックの多面性をうかがわせる事例でもある。

なお、「難民」の英単語 Refugee の語源はフランス語の réfugié であり、避難した人、当初はフランスから避難したユグノーのことを示していた。日本語では、例えば「買い物難民」や「帰宅難民」のように「○○できない人」というニュアンスで援用されるが、その含意は原語には無い。

さて、三十年戦争を含む宗教戦争時代を終結させた一六四八年のウェストファリア条約を経て、西欧では「主権国家体制」が徐々に確立していく。教皇と皇帝・国王を二大頂点とする中世社会に代わり、明確に引かれた排他的国境内の領域を主権者が一元的・中央集権的に支配する、という現代国際政治システムの始まりとされる。一八世紀頃までの西欧国家の主権者は国王であったが、産業革命や市民革命、多民族帝国の崩壊などを経て、その領域内に住む人民が主権を獲得していく。絶対王政を打倒する過程において、国境内に居住する人民の統一的意思と一体性という前提に基づく「国民」概念が形成・強化されていった。

このようなプロセスを経て、特定の国境内に排他的かつ専権的な統治機能を有する主権国家(sovereign states)と、その国家との社会契約を結ぶことに同意し一定の共通性・同質性を見出せるとされた国民(nation)からなる国民国家(nation states)が数多く形成されてきた。国民国家体制は、国境内に居住し統治の対象となる人民が、部族・宗教・言語・文化・伝統・思想などの面で同質であることを前提とするが、そのような同質性と国境線が過不足なくピッタリ合致することは実際にはほとんどない。世界でも同質性が極めて高いとされる日本でさえ、アイヌや琉球の方々や外国に繋がる方々が既に多く住んでいる。見ず知らずの多くの国民を含めて、領土内に居住する人民全員が一体であるという想定はフィクションであり、これをB・アンダーソンは「想像の共同体」(imagined communities)と呼んでいる。国歌や国旗、国花、「国民の」祝日などはこの想像上の共同体意識を強めるために人為的に「創られた」ものである。

同時に、国民国家体制の誕生は、異なる共同体間の垣根と排他性を鮮明化させてきた。「国民は宗教・言語・人種・文化・伝統などを共有する一体のもの」という共同体意識と排他的ナショナリズムは、表裏一体の思想である。国民間で共有される同質性への希求は、異質な者を逆に浮きださせ、そのような者は自発的に他国に移動するか、強制的に追放され庇護を求めて領域外に避難するようになる。国民国家という統治形態が広まる過程で、世界各地で幾度となく国境線が引き直され、領地・国家間での「人民交換」も実行された。近代における国家間紛争は領土拡張や資源獲得という文脈で説明されることが多いが、内戦や分離独立戦争も加味すれば、共同体内の同質性の精度を高めようとする営みと捉えられる場合もある。特に中東・アフリカ地域の世界地図を見れば明らかな通り、地元住民の属性や日常活動を完全に無視して旧宗主国が恣意的に引いた国境線によって、自然な共同体が分断されている地域は少なくない。現在でも国境をめぐる戦争・内紛が絶えない原因の一つである。

このように世界では一七世紀以降、各国・地域ごとに異なる経緯と紆余曲折を経て国民国家体制が徐々に確立・洗練されてきたが、それはとりもなおさず難民発生の歴史でもあった。国民国家と難民はコインの両面の関係にある。二一世紀に入ってもなお、東チモール、セルビア、モンテネグロ、南スーダンなどの新たな国家が誕生しており、またミャンマーのロヒンギャ族、トルコのクルド族、イスラエルによるパレスチナ人の虐殺、ロシアによるウクライナ侵攻やアフガニスタン情勢などを見ても、国民国家体制の洗練に向けた闘争は未だ続いていると言える。そしてその闘争が先鋭化するたびに多くの強制移住者が世界各地で発生し、国際社会は対応方法を模索してきた。

## 難民条約の成立

二〇世紀前半の戦間期には国際連盟の枠組みを中心に、特定の出身国から逃れた者や特定の民族的集団が「グループ難民」として指定され、国際的保護が約束された。例えば、ロシア難民、トルコ難民、アルメニア難民、ドイツ難民などである。その指定プロセスにおいて別々の国際条約や国際的取り決め、国際機関が形成され、「誰を保護するか」について異なる定義や解釈が採用された。それらの定義は、以下で詳しく見る一九五一年の難民条約において集約され、結晶化されていくこととなる。なお、戦間期における難民保護の展開については、本間浩『難民問題とは何か』(岩波新書)に詳しい。また同時期に強制移住者の支援と保護に尽力し、大きな功績を残したのがノルウェイ出身の初代難民高等弁務官フリチョフ・ナンセンである。彼の生涯については新垣修『フリチョフ・ナンセン――極北探検家から「難民の父」へ』(太郎次郎社エディタス)に詳しい。

第二次世界大戦中の難民対応として最大の失敗が、最終的にホロコーストへと至るユダヤ人

**図1-1**　難民条約の署名(1951年8月1日，ジュネーヴ)
出典：UNHCR提供(© Arni/UN Archives)

迫害である。ナチズムが席捲していくなか、国際社会は政治的にも法的にも財政的にも十分な対応ができず、推定約六〇〇万人のユダヤ人の虐殺を許してしまった。ホロコースト対応の大失敗は、戦後秩序を模索する国際社会に大きなトラウマの一つとしてのしかかり、国連総会は一九四六年二月に開催された第一回会合で早速、難民問題の国際的解決を謳った決議を全会一致で採択する。と同時に、第二次世界大戦中の総力戦で被災した戦争避難民二〇〇〇万人以上の再定住先を見つけるという大きな課題もあり、さらに追い打ちをかけるように、一九四〇年代後半は共産主義の台頭と伸張が鮮明化した。

要するに当時の国際社会とりわけいわゆる西側諸国は、①現存するホロコーストの犠牲者・生存者を確実に保護し、二度と失敗を繰り返さない保障制度を作ること、②将来的に再度生じる可能性のある大量の戦争避難民に対し無制限に門戸を広げるのは避けること、③スターリニズムに効果的に対抗すること、という三つの連立方程式を速やかに解くことを余儀なくされた。

その後わずか二年間の国連加盟国間の交渉を経て、一九五一年七月二八日に国連全権会議において「難民の地位に関する条約」(以下「難民条約」、一九五四年発効)が採択された。難民条約には「なぜ難民を受け入れるのか」を理解する上で重要なエッセンスがちりばめられているため、以下で難民の定義に焦点を当てて詳しく見たい。

## 難民条約上の難民の定義

難民条約第一条A(2)は、難民を以下の通り定義している。

一九五一年一月一日前に生じた事件の結果として、かつ、人種、宗教、国籍もしくは特定の社会的集団の構成員であることまたは政治的意見を理由に迫害を受けるおそれがあるという十分に理由のある恐怖を有するために、国籍国の外にいる者であって、その国籍国の保護を受けることができない者またはそのような恐怖を有するためにその国籍国の保護を受けることを望まない者及びこれらの事件の結果として常居所を有していた国の外にいる無国籍者であって、当該常居所を有していた国に帰ることができない者またはそのような恐怖を有するために当該常居所を有していた国に帰ることを望まない者。

まず冒頭で「一九五一年一月一日前に生じた事件の結果として」と限定しているのは、第二次世界大戦によって主に欧州で家を追われた者は保護の枠内に入れる一方で、条約採択時以降に生じるかもしれない未知数の難民発生事案に「空手形を切ることは避けたい」という各国政府の思惑を反映している。

ただし、この時限的制約は一九六七年に採択され同年に発効した「難民の地位に関する議定書」(以下「議定書」)において取り払われることとなった。その背景には、大戦直後の主に欧州出身(避)難民の対応に一応の目途が立った後にも世界各地で多くの難民が発生したため、UNHCRが精力的に外交的ロビーイングを行ったこともあるとされている。議定書の発効により、難民条約第一条の解釈において「欧州または他の地域において生じた事件」にも適用すると宣言している国で、かつ議定書に加入した国(つまり日本を含むほぼ全ての締約国)においては、時限的・地理的制約なく、いつどこから来た難民についても他の要件を満たす限りは、難民条約の定義が適用されることとなった。二〇二三年末時点で難民条約の締約国は一四六カ国、また議定書の締約国が一四七カ国であり、難民について世界で最も広範囲に適用される国際条約となっている。日本も一九八一年六月に条約加入が国会で承認され、同年一〇月に正式に加入している。その履行状況については第四章で論ずる。

次に重要なのが、迫害を受ける理由が「人種、宗教、国籍もしくは特定の社会的集団の構成員であることまたは政治的意見」のいずれかに因る、という要件である。言い換えれば、これらの理由のいずれかによる差別に基づいて迫害される者ということである。「人種、宗教、国籍」という行は、ミャンマーのロヒンギャ族やアフガニスタンのハザラ族のように特定の出自を理由に差別・迫害される事例が当てはまる。また、ここで言う「国籍」(nationality)は例えば無国籍や重国籍だけでなく、文化・言語・歴史・民族などの面で同類グループに帰属することも指すとされる。他方、A国籍を有するために別の国Bで迫害のおそれがある者は、国籍国Aに戻って(あるいは移り住んで)安全に暮らすことができる場合には、さらに別の国Cが保護する必要は無い。

「特定の社会的集団の構成員であること」は、条約起草時にはほぼ説明が無いまま加えられた文言だが、半世紀以上の議論や判例の蓄積を経て、例えば伝統的社会因習(強制結婚や女性器切除など)に従わない女性や女児、LGBTQIA+の人々、特定の職業に就いていたという過去がある人などにも適用されるようになっている。他の差別の要件と比べて、過去七〇年間に解釈の幅が最も広がった要件である。日本でも二〇二三年に行政訴訟を経て、ウガンダ出身のLGBTの人が「特定の社会的集団の構成員」であることに基づく迫害のおそれによって難民認定されたことは記憶に新しい。

「政治的意見」は、当初は共産圏において反共主義を唱えたために粛清や弾圧の対象となった人々が念頭に置かれていた。冷戦期において、東側諸国から逃れてきた難民が西側諸国によって積極的かつ寛大に迎え入れられたのは、スターリニズムに対する間接的な批判になるからであった。現在も、出身国において政治的意見を理由に本国政府から迫害を受ける者を他国が保護するという営みは、政治的・外交的に強い批判的メッセージを発する行為である。例えば、ロシアによるウクライナ侵攻を批判したロシア人ジャーナリストや活動家を西欧諸国が積極的に庇護しているのは、そのためである。

この「差別に基づく迫害」という要件があるために、例えば戦時下での不特定多数に対する暴力や副次的被害、テロリストによる無差別暴力、自然災害や気候変動による生計手段の破壊、また「途上国」において蔓延する極貧状態を逃れた者は、通常は難民条約上の難民とは認められない。「経済難民」や「環境難民」という用語は、法律上の定義に照らすなら間違いである。ただし、例えば無差別暴力や自然災害の被害者救済において政府が特定の民族や政治団体だけを優遇したり、逆に特定のグループを気候変動の悪影響を受けやすい地域に意図的に移住させたり、また女性に対してだけ教育の機会や生計手段を剝奪しているような場合には、差別的な要素が出てくるため難民の定義に該当する可能性が大いに出てくる。要するに、本国で受ける迫害の根本原因あるいは政府による救済策のいずれかに差別的な側面がないかどうかが、難民該当性の判断において極めて重要なのである。

難民の定義において肝になるのが、「迫害を受けるおそれ」である。難民条約は迫害(persecution)の概念を明確には定義しておらず、難民法学者の間で半世紀以上にわたって「迫害とは何か」について喧々諤々論争が繰り広げられてきた。どの程度の烈度の不当な処遇をもって「迫害」と見なすのかは今でも議論はあるが、欧州共通庇護制度(後述)などに鑑み、「基本的人権の重大な侵害」と解釈することで大筋問題なかろうというのが筆者の見解である。当然「何が基本的人権なのか」という問題についても論争は絶えない。難民条約は元来は市民的・政治的権利の侵害を念頭に置いたものとされるが、社会的・経済的・文化的権利の剝奪もその烈度や頻度、性質によっては迫害となりうる。

ここで併せて重要なのは、あくまでも迫害を受ける「おそれ」であるため過去に実際に迫害された経験は必ずしも必要なく、本国に帰った場合に将来的に迫害を受ける現実的・合理的な危険がどの程度あるかである。ここに、既に起きた事実を扱う通常の刑事事件や民事事件の裁判とは難民認定作業が異なる、と言われる一つの所以がある。

この関係で重要なのが、いわゆる「後発難民」(refugee sur place)と呼ばれるケースである。当初自国を出た際には迫害のおそれなど無く、例えば国費留学生などとして他国に移住したが、留学中に本国で軍事クーデターが起きて、前政権と親和的関係にあった学生として軍部などに指名手配されているような場合、本国に帰ったら迫害のおそれが生じるということで、事後的に難民となる。

実際日本でも、一九七〇年代に日本に留学していたベトナム人のうち、一九七五年の共産化で母国に帰れなくなったケースや、一九八九年の天安門事件で中国に帰れなくなった中国人留学生などがおり、彼らは事実上の後発難民として日本での滞在を許可された。また、筆者が二〇〇〇年代前半にニューヨークの国連日本政府代表部で勤務していた際も、イラクの外交官が米国駐在中にフセイン政権に批判的な意見を表明し帰国できなくなったとして米国で庇護申請したという事件があった。類似のケースは、北朝鮮外交官の間でも世界各地で時折みられる。より身近な例では、当初は通常の留学生として日本に来ていたアフガニスタン人の中に、二〇二一年八月のタリバン復権により、もし帰国すると「外国で学んでいた外国かぶれの者」として迫害されるおそれが出てきた者もいた。このように、難民として認められるためには、必ずしも当初本国を出国した際の理由が迫害のおそれから逃れるためだったことは必要ではない。難民になる事情が出国後に生じる可能性も十分に考えられる。

「国籍国の外にいる」という文言は、現代の国際政治の原則である内政不干渉に配慮した要件である。国内避難民を含めまだ国籍国の中にいる人の人権保護は、原則的にその国の政府が第一義的な責務を負っているからである。難民と認められるためには、既に他国に正式に入国していることまでは求められないが、本国政府との絆が地理的にも切れていることが要件となる。よって、例えば公海上で漂流しているボートピープルなども理論的には難民の定義に当てはまる可能性はある。ただし現実問題として、人が難民としての権利や支援を日常生活で享受するためには、他国に入国しその国の公的機関によって難民として認められ、中長期の居住を許されることが必須となってくる。

この関係でよくある誤解が、他国の政府や公的機関に難民として認定されるまでは難民ではない、かのような見方である。これは誤りで、難民は定義の全ての要件（第五章でみる「除外条項」も含む）を満たした瞬間に難民となっており、難民認定はその人物が既に難民であることを事後的に確認・宣言する法的手続きに過ぎない。「認定の故に難民となるのではなく、難民であるが故に難民と認定されるのである」というのは、UNHCRの「難民認定基準ハンドブック」（一九七九年策定、二〇一九年再発行）のうち極めて有名なフレーズである。さらに言えば、難民認定手続きを経てその人が「難民ではない」と確認されるまでは、全ての庇護申請者は「難民である可能性がある人」として扱われなくてはならない。

最後の重要な要件が、上記のような迫害のおそれがあるために「国籍国の保護を受けることができないか受けることを望まない者」である。当然ながら完全なる自己都合や漠然とした他国への移住の希望ではなく、本国政府が差別に基づく人権侵害を行っている、あるいは第三者からの差別的人権侵害に対する有効な手立てを打てない、打とうとしないという事情が必要である。難民認定とは究極的にはあくまでも個々人の主観、つまり本人がどの程度の迫害のおそれを感じるかではある。しかし認定作業では、個人の主観が単なる妄想ではないことを確認するため、本国において警察や司法機関がきちんと機能しているか、政府が人権侵害の被害者救済にどれだけ積極的か、政治的公平性や法の下での平等が担保されているか、などの一般的客観的情勢と併せて判断することになる。なお、「国籍国の保護を受けることができない」という文言の解釈として重要なのは、国籍国の政府は、誰もが迫害を受けないという結果を保障することまでは求められていないということである。どの「先進国」でも、特定の人種や宗教的グループを標的としたヘイトクライムなどは残念ながら起こっている。そのような事態が起きた際に、本国政府が被害者に対する補償を確保しているか、迫害者をどの程度きちんと処罰するか、再発防止に向けてどの程度努力するか、つまり自国民を保護しようとしている、という真摯な努力姿勢が求められているのである。

これらの難民条約上の諸要件をあえて簡潔に要約するならば、難民を受け入れるとはとりもなおさず、統治や人権保障が機能していない本国において著しく差別されている人を本国政府の代理で他国がかくまう行為である。これをJ・ハサウェイは「代理保護」(surrogate protection)と呼ぶ。国民国家体制という前提の下では本来は、国籍国において政府が国民に対して人権を保障する代わりに、国民は納税や遵法などの義務を果たすという社会契約関係が成立しているはずである。しかし本国政府がその責務を果たせない場合に、新たに別の国家との社会契約関係を暫定的にでも結ぶことが「難民を保護する」という営みである。

## アフリカと中南米における広い難民の定義

ここまでは一九五一年に採択された難民条約上の難民の定義を見てきたが、アフリカと中南米諸国では各地域の歴史的・政治的特徴を反映し、ずっと広い難民の定義を採用している。

一九六九年にアフリカ統一機構（Organization of African Unity　現アフリカ連合 African Union）は「ＯＡＵ難民条約」を採択し、その第一条(2)で、上で見た難民条約の定義に加えて、以下の人々を難民と定義した。

「難民」とはまた、外部からの侵略、占領、外国の支配または出身国若しくは国籍国の一部若しくは全体における公の秩序を著しく乱す事件の故に出身国または国籍国外に避難所を求めるために常居所地を去ることを余儀なくされた者にも適用される。

「外部からの侵略、占領、外国の支配」という行は言うまでもなく、アフリカ諸国の多くが経験した植民地支配と独立へ向けた闘争を念頭に置いている。また「公の秩序を著しく乱す事件」という文言も、難民条約に比べるとかなり広い解釈を可能とする。例えば、テロリスト集団による散発的な無差別暴力や大規模自然災害による被害を逃れた者は、難民条約上の定義に該当するとは言い難いが、ＯＡＵ難民条約を締結しているアフリカ四六カ国では難民として認められる可能性が高いであろう。

その一五年後の一九八四年には、中南米諸国が開催した難民の国際的保護に関する会議において「難民に関するカルタヘナ宣言」が採択され、同宣言は以下の定義を採用するよう中南米諸国政府に勧告した。

この地域において採用が勧告される難民の定義とは、一九五一年の難民条約と一九六七年の同条約の議定書の定義の要素に加え、暴力が一般化・常態化した状況、外国からの侵略、内戦、重大な人権侵害や公の秩序を著しく乱すその他の事情によって、生命、安全または自由を脅かされたため自国から逃れた者をも含むものである。（傍点は筆者）

これを上記のＯＡＵ難民条約と比べると、「暴力が一般化・常態化した状況」、「内戦」、「重大な人権侵害」がさらに追加されており、その点では世界で最も広い難民の定義である。通常「宣言」と言った場合にはその内容が直ちにその宣言採択に関わった国を法的に拘束するものではないが、カルタヘナ宣言における難民の定義はその後数十年をかけて、一五カ国以上の中南米諸国の国内法に明示的あるいは実質的に取り込まれており、現在では法的実効性を持つ定義となっている。この背景には、中南米諸国は軍事独裁政権の時期を経たため、国家元首などの政策決定者の中に難民としての背景を持つ人がいるという事情がある。以下で触れる「外交的庇護」にもみられる通り、中南米諸国では庇護政策における相互主義と負担分担のための連帯意識が強い、とされている。

　このように、ＯＡＵ難民条約やカルタヘナ宣言では、一九五一年の難民条約よりも格段に広い難民の定義を採用している。その実効性を疑問視する向きもないわけではないが、法的な定義に盛り込まれた文言には一定の意義がある。なお、ＯＡＵ難民条約やカルタヘナ宣言は、「外部からの侵略、占領、外国の支配、公の秩序を著しく乱す事件」や「暴力が一般化・常態化した状況、外国からの侵略、内戦、重大な人権侵害や公の秩序を著しく乱すその他の事情」を一九五一年の難民条約に加えたとしている。よって、これらの加えられた要素は、難民条約上の定義には元来は含まれていないと解するのが、法的にも論理的にも自然な解釈方法であろう。

　なお、日本が加入していて遵守義務があるのは難民条約であって、ＯＡＵ難民条約やカルタヘナ宣言ではないため、本書で「難民条約」と言った場合には一九五一年の難民条約を指すことする。

## 戦争・武力紛争と難民

難民条約上の難民の定義と、ＯＡＵ難民条約やカルタヘナ宣言を比べた際の明確な差異は、戦争や内戦を逃れた者が直ちに難民として保護されるかどうかである。上記の通り、ＯＡＵ難民条約やカルタヘナ宣言では「外部からの侵略、占領、外国の支配、公の秩序を著しく乱す事件」や「暴力が一般化・常態化した状況、外国からの侵略、内戦、重大な人権侵害や公の秩序を著しく乱すその他の事情」を難民の定義に明示的に加えており、武力紛争を逃れた人々は通常は難民として保護されることが想定される。他方で、難民条約上の定義は、戦時か平時かを問わず、あくまでも「差別に基づく迫害のおそれがあること」が決定打である。要するに、本国が武力紛争状態にあるかどうかは、難民条約上の定義に当てはまるか否かの判断においては、決定的な要素ではないのである。

この点について、ＵＮＨＣＲ策定の重要な指針的文書「難民認定基準ハンドブック」のパラグラフ一六四は「国際的又は国内的武力紛争の結果として出身国を去ることを余儀なくされた者は、通常は、難民条約又は議定書に基づく難民とは考えられない」と述べている。しかしこの箇所はそのすぐ次のパラグラフ一六五が述べる通り、あたかもそのような武力紛争を逃れた者は、たとえその紛争下で差別に基づく迫害のおそれがあっても難民ではない、かのように解釈されるべきではない。

例えば、一九九四年にルワンダで起きたジェノサイド当時、国内は凄惨な武力紛争状態に陥っていたが、難民認定上重要なのは、フツ族対ツチ族という部族的帰属による差別に基づく殺戮が繰り広げられていたことである。国外に逃れられた者のうち(加害者以外は)ほぼ全員が、OAU難民条約上だけでなく難民条約上の難民としても認められたであろう。また一九九〇年代の旧ユーゴスラヴィア紛争中にも、例えばイスラム教徒だからとかボスニア系だからなどという宗教的・民族的差別に基づく民族浄化つまり激烈な迫害が横行した。現地のいずれの当局もそのような迫害に効果的に対応できず、場合によっては当局自体がジェノサイドを犯した事件もあり、国外に逃れられた者のうち多くが難民条約上の難民として認められた。それは、国内が紛争状態だったからではなく、差別に基づく迫害のおそれがあったからである。この点、UNHCRが二〇一六年に発表した「武力紛争および暴力の発生する状況を背景とした難民申請」に関するガイドラインをもって、あたかも「UNHCRが紛争避難民全員が直ちに難民条約上の難民であると解釈を変えた」かのように主張する向きもあるが、それは誤読で、同ガイドラインは上記ハンドブックのパラグラフ一六四をあくまでも補足説明したに過ぎない。

この関係で、現在進行形で議論が繰り広げられているのが、ロシアによるウクライナ軍事侵攻を逃れたウクライナ国籍者が難民条約上の難民かどうかである。難民認定においては迫害者の意図を特定することは必須ではないが、ロシア軍による攻撃ではウクライナに住んでいた外国人(例えばロシア人やベラルーシ人)も殺されたという報道もあり、仮にウクライナ市民が「いつ流れ弾に当たるかわからないから逃げたい」のだとすると、差別的要素が明らかでなくなる。加えて、ウクライナのゼレンスキー政権は、ウクライナ国土とウクライナ人をロシアから守るために全力で戦っており、ウクライナ人とウクライナ政府との社会契約関係が崩壊したと言えるかどうか、判断が難しい。ただし、例えばウクライナ人の成年男性の中には、政治的理由やロシア軍側に親族がいるなどの理由から兵役に就きたくない人(「良心的兵役忌避者」)もいる。もし彼らに有効な兵役代替措置が許されず、また国家に対する「裏切り者」のように政府からも市民からも差別されるような場合には、難民条約上の難民に当てはまる可能性が出てくる。他にも、ウクライナやロシアに住むウクライナ系とロシア系が混在する家族なども、政治的に極めて脆弱な状態に置かれているであろう。さらにはドネツィク、ルハンシク、ザポリージャ、ヘルソンといった東部・南部出身者に対する不信感やロシア兵による性的暴行を受けたウクライナ人女性に対する侮蔑なども、その烈度が激しくかつ当局による対策が効果的でなければ、「差別に基づく迫害のおそれ」と見なしうる場合もあろう。

したがって、ロシア軍の攻撃による無差別的影響やウクライナ国内の戦争状態における副次的被害(例えば生活必需品を入手するのが困難とか、誤爆により通っていた職場や学校、病院が閉鎖されたなど)のみを逃れた者は、難民条約上の難民とは言い難いが、ウクライナ国内で何らかの差別的取り扱いを受けている、あるいは受けるおそれがある者は難民に該当する可能性がある。

いずれにせよ、一般的な感覚からすると意外かもしれないが、戦争や内戦における無差別暴力や副次的被害のみを逃れた者は、差別的取り扱いが無い場合には、難民条約上の難民の対象からは外れるというのが、国際的にも主流かつ説得力のある解釈である。

## 難民に準ずる別の地位を作ったＥＵ諸国

比較的狭い難民条約の定義を法的には維持しつつ、地域的取極めの下で難民に準ずる別の地位を作ったのがＥＵ諸国である。一九九〇年代、欧州では旧ユーゴスラヴィアでの民族浄化やコソヴォ紛争により、ピーク時では二〇〇万人近くが(避)難民と化し、その対応をめぐって受け入れ各国の庇護政策に大きな混乱が生じた。例えば、全く同じ状況を逃れた同じ属性を持つ人が、あるＥＵ加盟国では難民と認められたのに他国では認められない、あるいは同一人物がＥＵ諸国内を移動し複数国の政府に対して同時並行的に庇護申請を行ったなどである。その教訓から、その後約二〇年近くかけてＥＵ加盟国間の緻密な交渉を経て「欧州共通庇護制度」(Common European Asylum System)が策定・改訂されてきた。

難民条約には、「迫害を受けるおそれ」の定義が無く、また庇護申請者の権利についても明示的な規定が無く、締約国がどのように難民認定手続きを行うべきかの指針も無い。また、どの国が難民認定申請者の庇護審査を担当すべきかに関する基準も無い。これらの瑕疵を乗り越えるために欧州共通庇護制度の下で、いくつかの重要な「指令」や「規則」、「決定」が策定されてきた。そのうち、難民の定義との関係で最も重要なのが、「資格指令」(Qualification Directive)と呼ばれる取極めである。資格指令では、難民条約上では不明瞭である迫害の定義や迫害者、迫害行為などについて明文化すると共に、条約上の難民の定義には当てはまらないものの難民とほぼ同等の権利と処遇が保障される「補完的保護(subsidiary protection)を受ける資格がある者」という地位が新設された。資格指令第二条(f)と第一五条を併せて読むと、補完的保護の対象者は以下の通りとされている。

第三国国民(EU域外出身者)か無国籍者で、出身国または通常の居住国に帰国した場合

①死刑または死刑執行

②出身国における申請者への拷問又は非人道的な又は品位を傷つける取扱い又は刑罰

③国際的または国内的武力紛争の状況における無差別暴力による文民の生命または身体に対する重大かつ個別の脅威

のいずれかの重大な危害を蒙る現実的な危険に直面することになると信ずるに足りる実質的根拠が示された者。

①と②にある死刑や拷問等については、（ＥＵではなく）欧州評議会の下で作られた「欧州人権条約」（一九五〇年採択、一九五三年発効）とその議定書において、死刑や拷問などは撤廃することが謳われている。撤廃は単に締約国の管轄圏内でそのような行為を行わないことだけでなく、そのような行為が行われる危険がある外国に外国籍者を送還しない、という間接的な「域外適用性」も認識されるようになってきたため盛り込まれた文言である。全ＥＵ加盟国は欧州人権条約の締約国でもあるため、欧州人権条約とＥＵ規定との整合性を図るのは当然の流れと言える。③については、国際人道法（戦時国際法）の原則を踏まえ、武力紛争状態にある地域に文民（非戦闘員）を送り返さない、という主旨である。おそらく日本語で「紛争避難民」とか「戦争被災民」と言った場合多くは、③のような人々が想定されていると思われる。今般のロシアによる軍事侵攻を逃れたウクライナ国籍者かウクライナに住んでいた無国籍者は、仮に難民として認められなくても上記の③にその大多数が該当するはずである。

資格指令の文言にはあいまいな部分や矛盾点もあるが、国際人権法や国際人道法の内容と（避）難民のための国際的保護の標準を整えよう、という重要な意図が垣間見られる。そして何より重要なのは、このような「補完的保護の対象者」と認められた者には、難民条約上の難民とほぼ同等の諸権利が保障されるようになったことである。これにより、EU諸国では難民条約上の定義は維持しつつ、別のカテゴリーを設けることで実質的に保護対象者の範囲を広げたと言える。この補完的保護の対象者が生まれたため、EUやEU加盟国における公的文書では、「難民」ではなく「庇護」(asylum)や「国際的保護」(international protection)という言葉が多用されるようになってきている。

なおEUは二〇二〇年から二〇二四年にかけてこの欧州共通庇護制度の大幅な改訂作業に着手した。同制度の主要な柱となったいくつかの「指令」や「規則」は二〇〇〇年代に初版が策定され、数年間の実質的な試行期間を経て、二〇一〇年代前半に改訂版が策定された。その改訂版の国内法への取り込み作業がEU加盟国内で終わるか終わらないかのうちに、「アラブの春」を発端とした「移民・難民危機」が欧州を襲った。同危機は欧州共通庇護制度の問題点を露呈し、その反省も踏まえて更なる改訂作業が進んでいた間に、さらに欧州を襲ったのがウクライナ危機である。実質的改訂作業は二〇二三年末でほぼ完了しており、二〇二四年前半には欧州議会と理事会で「移住と庇護に関する新協定」パッケージとして正式に採択され、さらに数年をかけて各加盟国の国内法に反映されていく予定である。各国で極右・ポピュリスト政党が台頭するなか、この新協定はEUを取り巻く強制移住にどのような影響を及ぼすのか。EU

の庇護制度は今後も他地域に大きな影響を及ぼすことが予想され、注視し続ける必要がある。

## 難民受け入れ制度の空白地帯アジア

ここまでは、アフリカ、中南米、欧州における地域的取極めについてみてきたが、アジアは世界における難民受け入れ制度の空白地帯である。そもそも難民条約を締結している国は(中東や中央アジア諸国を含む)大きなアジア全体で考えても一五カ国に過ぎず、東南アジア・東アジアにおける締約国は、加入順にフィリピン(一九八一年)、日本(一九八一年)、中国(一九八二年)、韓国(一九九二年)、カンボジア(一九九二年)、東チモール(二〇〇三年)の六カ国のみである。さらに、他の地域と違って地域的な法的取極めも一切無い。その一方で、パレスチナやアフガニスタン、インドシナ(ベトナム・ラオス・カンボジア)、ミャンマー、ブータン、シリアなどに見られる通り、アジアでは断続的かつ恒常的に数百万人規模での難民が発生し、その周辺国が彼らを受け入れてきた。要するに、地域的にも国内的にも難民保護の法制度が整備されていないなかで、多くのアジア諸国が実態として多数の難民を保護しているのである。

その背景の一つには、一言でアジアと言っても極めて多種多様な政治的・経済的・民族的・文化的・言語的・宗教的背景を持つ国々を抱える地域であるため、法的に拘束力のある地域条約をまとまって練り合意することが難しいという事情がある。また、内政不干渉の原則、つまり他国の国家権力に対して露骨に批判することを避けようとする「太陽政策」を重視する姿勢もある。ただし、北朝鮮や中国・台湾を抱えるこの地域が、今後起こるかもしれない強制移住情勢に人道的に対処するための地域的枠組み作りに乗り出せるのか、乗り出す場合に音頭を取るのはどの国になるのか、日本はどのような役割を果たしうるのか、自分事として考えなくてはならない。

## 領土的庇護と外交的庇護

ここまで世界的または地域的な法的文書における難民の定義を中心に見てきたが、これらは基本的に既に自国を出て他国にたどり着き、他国にある公的機関に難民認定申請した場合に誰を難民として認めるか、についてのルールである。これを大きな概念として「領土的庇護」(territorial asylum)と呼ぶ。

これに対して「外交的庇護」(diplomatic asylum)と呼ばれる全く別の制度があり、一言で言えば外国政府の大使館や領事館にアクセスし庇護を求めるケースである。一般的に言えば、A国(通常は難民発生国)にいるA国籍を有する者が、A国内で迫害のおそれがあるため、A国内にあるB国(通常は難民受け入れ国)の大使館や領事館などに庇護を求め、B国政府の事前承認を得た上でA国から直接B国へ向けて脱出するものである。筆者が以前、紛争下の北部スリランカでUNHCRの准法務官として勤務していた際にも、首都コロンボにある大使館のうちいくつかが、極めて例外的に主にタミル人による庇護申請を受け付けていた。より読者に馴染みがあるのは、二〇〇二年五月に日本の在(中国)瀋陽総領事館に駆け込んだ五名の北朝鮮出身者や、ロンドンにあるエクアドル大使館内に七年近く滞在していたウィキリークスの創始者ジュリアン・アッサンジュ氏のケースではないだろうか。瀋陽事件では、日本政府は大使館や総領事館における外交的庇護を認めていないこともあり、中国公安当局による北朝鮮人の連行を許してしまったが、エクアドルを含む中南米諸国では一九世紀から地域条約に基づいて、外交的庇護制度を認めている。

しかし、外交的庇護は必ずしも国際法上広く確立している制度ではなく、中南米諸国間のみで締結されてきた地域条約に基づいて相互に認められてきた措置に過ぎない。また実際、大使館や総領事館に逃げ込んでも、地元当局の理解と協力が無ければ、物理的に外国に脱出することはまず不可能である。また、アッサンジュ氏のケースからも明らかな通り、当初はエクアドル政府が反米政権であったため、米国政府によるアッサンジュ氏の引き渡し要求にイギリス政府が応じられないよう大使館内での庇護と滞在を認めていたが、三つ巴の極めて複雑な政治案件に発展していた。このように、外交政策や国際政治に大きく左右されるため、実際の国外脱出には困難が伴うケースは少なくない。なおアッサンジュ氏は、二〇一九年四月にエクアドル大使がイギリス政府に大使館内へのアクセスを認めたため、ロンドン警察により連行されて服役に戻り、米国政府からの引き渡し要求にイギリス政府が応じるかどうか係争中である(二〇二三年末時点)。

おそらく日本語で「亡命」と言った場合には、この外交的庇護を念頭に置いている場合が多いのではないかと思われる。しかし亡命という日本語にピッタリ当てはまる法律用語は国際法上には無く、ここで述べた外交的庇護か、難民条約上の定義の項で説明した「政治的意見による迫害のおそれ」を逃れて他国に移動することを指す概念と思われる。香港の民主化活動家、周庭氏が当局による政治的な迫害を逃れるため留学先のカナダに留まる意思を表明した際も、新聞各紙では「亡命」という言葉が使われた。なお、本書では断りがない場合には、外交的庇護ではなく領土的庇護を念頭に議論していきたい。

## 第二次世界大戦後にできた三つの重要な国際機関

ここまでは難民の定義に関して核となる国際的・地域的文書や、庇護に関する概念の大枠について説明してきたが、第二次世界大戦直後には難民条約の策定と同時並行的に三つの重要な国際機関が生まれた。世界の難民保護・支援において現在も重要な役割を果たしている国連難民高等弁務官事務所(UNHCR)、国際移住機関(IOM)、そして国連パレスチナ難民救済事業機関（ＵＮＲＷＡ）である。

まず大戦直後の一九四八年から一九五二年の間は、国連の専門機関として国際難民機関（International Refugee Organization: IRO）が主に米国政府からの資金援助を基に、欧州の戦勝国にいた戦争避難民の帰還や南北アメリカ大陸への船舶での再定住を実施した。その後ＩＲＯの任務のうち、主に法律アドバイスの役割を引き継いだのが、一九五〇年一二月の国連総会決議で設置が決定されたＵＮＨＣＲである。当初は三年間の期限付きで、極めて少数の法律家が少額の予算で運営していた。現在では国連諸機関の中でも最大級の予算を基に、二万人近くのスタッフが世界各地の強制移住者に様々な支援を提供し、恒久的な解決に向けた活動を展開している。ＵＮＨＣＲは難民条約の履行について締約国政府に法的なアドバイスも提供しており、難民保護について世界で最も重要な国際機関である。なお、ＵＮＨＣＲの活動対象者の範囲は、その後七〇年近くをかけて国連決議等で大幅に拡張され、難民の定義からは確実に外れる国内避難民に対しても様々な支援を展開してきている。ＵＮＨＣＲの具体的な役割については、次章以降でテーマごとに触れていきたい。

その一方で、ＩＲＯの実働的役割を一九五一年一二月に引き継いだのが「欧州出身移住者の移動に関する暫定的政府間委員会」（ＰＩＣＭＭＥ）である。ＰＩＣＭＭＥは、戦争避難民だけでなく共産圏出身の難民の南北アメリカやオーストラリアへの再定住も実施したため、当時のソ連の強い反発に遭い、当初は完全に国連の外に設置され、主に米国政府の出資金によってその活動が支えられた。その後何度か名称が変更され、一九八九年に現在の国際移住機関(IOM)となり、さらに二〇一六年には、国連の関連機関として国連システムに入っている。現在では、一七四カ国の加盟国を抱え全世界五〇〇カ所以上の拠点で一万九〇〇〇人以上のスタッフが、難民を含む移民(後述)を支援すると共に、移住政策について加盟国政府にアドバイスを行っている。

三つ目の重要な国際機関が、UNRWAである。一九四八年のアラブ・イスラエル紛争によって家を失った約八〇万人のパレスチナ難民を支援するために、一九四九年一二月の国連総会決議によって設立された。現在では、中東地域に住む約六〇〇万人のパレスチナ難民に衣食住などの死活的人道支援を提供している。UNHCRとの決定的な違いは、UNRWAはパレスチナ難民のための「恒久的解決」を模索する任務は与えられていないこと、そして予算規模が圧倒的に小さいことである。この二点ともイスラエル＝パレスチナ問題をめぐる国際政治に大きく影響を受けた差異である。また、UNRWAの活動対象となっているパレスチナ難民は、難民条約第一条Dにおいて同条約上にいう難民の定義からは明示的に排除されているため、難民について議論する際に往々にして忘れ去られてしまう傾向にある。パレスチナ難民については、髙橋宗瑠『パレスチナ人は苦しみ続ける――なぜ国連は解決できないのか』(現代人文社)などに詳しい。

## 移民と難民の違い

難民の定義に関する章を締めくくる前に、「移民」(migrant)の定義との関係について触れておきたい。結論を急げば、世界において移民という概念に関する国際的に統一された定義は無いのが現状である。確かに難民についてはここまで見てきた通り、地域によって差異はあるものの、難民条約において比較的広く受け入れられた国際的な定義が存在する。しかし移民についてはそのような条約は無い。「全ての移住労働者及びその家族の権利の保護に関する国際条約」(移住労働者権利条約、一九九〇年採択、日本は未署名)はあるが、定義されているのは「移住労働者」のみであり、世界の移民のうち労働目的で他国に移動するのは六割程度に過ぎない。またこの条約の締約国数は少なく、締約国のほとんどが移民送り出し国である。

世界の移民について討議する際に頻繁に言及される定義は、一九九七年に当時の国連事務総長が国連統計委員会へ提出した年次報告書の中で、国連加盟国に推奨した以下のものである。

「(長期の移民とは)通常の居住地以外の国に移動し、少なくとも一二カ月間当該国に居住する人のこと」。

この定義によると、移動の原因や目的には一切触れられていないため、一二カ月以上避難する難民（つまり難民のほぼ全員）も移民に含まれることとなる。ただし、これはあくまでも事務総長が国連加盟国政府に採用するように推奨した定義に過ぎず、必ずしも国際的に広く使われている定義ではない。

例えば、EUで移民と言った場合には、「常居所国以外の国に一二カ月以上滞在する目的で移動する者」となっており、これは国連事務総長推奨の定義とほぼ同じであるが、実際にはEUの移住関連の統計資料では「外国生まれの人」や「外国籍を有する人」（より正確には外国籍しか有しない人）、または「第三国国民」（つまりEU域外の国籍・市民権しか有しない人）という概念も多用されている。特に難民との関係では、EU加盟国政府は自国内での人権侵害に効果的に対応できるという前提であるので、EU市民はEU圏内では庇護申請できないことになっており、自然と第三国国民についてのみの統計となっている。また、米国で「移民」(immigrant)と言った場合には、国籍付与において出生地主義（米国領土で生まれた者全てに自動的に米国籍を与える制度）を採っていることもあり「外国生まれの人」を意味する。しかし、外交官、短期滞在者、留学生など他国に永住権がありそこに戻る予定の人は除かれる。日本については、「移民」という言葉は日本の国内法には無いが、国連機関が日本における移民の統計を集める際には便宜上、「中長期（九〇日以上）の在留資格を持ち外国籍を有する人」と理解してデータ収集する。ただしここには外交官なども含まれてきてしまい、移民という言葉が通常持つニュアンスからは離れる。世界における移民のデータでは、国連経済社会局の人口部が収集する統計資料がよく引用されるが、その方法論に関する注意書きをよく読むと移民の定義について統一的世界基準が無いため、苦労している形跡が見える。

いずれにせよ、一般的には「移民とは経済的な目的で自発的に移動する人」で、「難民とは非自発的に移動する人」という区別をつけて語られることが多いが、上記の通り国連事務総長推奨の定義でも諸外国が使っている定義でも、そのような区別をしている国はあまり見ない。移民の定義の中に難民が含まれる場合がほとんどである。

ただし、受け入れ制度という意味では、一般的な移民とそれ以外の難民では決定的な差がある。それは（難民以外の）移民については、どの国も受け入れなければならない、という国際法上の義務は無く、逆に言うと、どの人も他国（＝国籍や市民権、永住権を有しない国）に入国する生来的な権利を主張することはできない。世界人権宣言でも認められているのは、あくまでも自国内での移動の自由と、自国を出て自国に戻る（再入国する）権利のみである。

その一方で、難民については、いったん難民（である可能性のある人）が別の国の管轄権内に入ったら、その人が難民ではない、あるいは難民には値しない（第五章参照）と確認されるまでは迫害の危険がある国に絶対に追い返してはならない、という国際法上の重要な大原則がある。これを「ノン・ルフールマン原則」と呼ぶ。つまり難民については、主権国家が一般の移民に対して国境管理上で通常持っているはずの裁量権が制限されるのである。この点については、難民受け入れの方法や論理と絡めて、次章以降で詳しく見ていきたい。

# 第二章　世界はいかに難民を受け入れているか
## ――その1「待ち受け方式」――

第一章では、難民とは誰のことを言うのかに焦点を当てた。第二章と第三章では、そのような難民を世界はどのようにして受け入れてきたのかについて、最新のデータや諸外国の事例を踏まえて紹介したい。世界は実に様々な方法で難民を受け入れており、その方法を詳しく見ることは「なぜ難民を受け入れるのか」の論理を探る上で重要なヒントを与えてくれる。

受け入れ方法を大別すると、

①潜在的な受入国まで自力でたどり着いた難民による庇護申請を、受入国の政府が受動的に審査した上で、何らかの在留資格を与える方法（より具体的には、庇護申請の個別認定、一応の集団認定、一時的保護、補完的保護）

②まだ他国（出身国の隣国など）にいる難民を、受入国側が選んで能動的・積極的に連れて来て、何らかの在留資格を与える方法（より具体的には、第三国定住、難民以外の立場での受け入れ、

民間スポンサーシップ）

③本国からの直接退避

の三つに分けられる。①の方法は、受入国側から見ればある意味で「待ち受け方式」とも言える（この「待ち受け方式」という表現は、筆者が初めて二〇一六年にハフポスト上のブログ記事で発案し、その後様々な著者によって使われている）。①を本章で、②と③を次章で、詳しく見ていきたい。

## 自力でたどり着いた庇護申請者の難民認定審査

おそらく一般的に最もよく知られている受け入れ方法が、出身国を自力で逃れて何とか他国にたどり着いた者による難民認定申請を、その他国の政府が一人一人審査して、難民の定義に該当する者に難民としての在留資格を与える、という方法である。ＵＮＨＣＲの推計によると、二〇二二年末の時点で世界では約五四〇万人の庇護申請者（つまり、他国の政府または何らかの公的機関に対して正式に難民認定申請を提出し受理されたが、審査結果がまだ出ていない人）がいる。審査手続きは長い時間がかかることが通常で、そのうち一定数は二〇二二年よりも前に庇護申請を出していることが推測される。二〇二二年に世界最多の新規庇護申請を受理したのが米国（約七三万人）で、続いてドイツ（約二三万人）、コスタリカ（約一三万人）、スペインとメキシコ（それぞれ約一二万人）となっており、ベネズエラなどの中南米情勢が主な原因である。なお、新型コロナウィルス感染症対策の一環として海外渡航が厳しく制限された二〇二〇年と二〇二一年は、全世界的に新規の庇護申請者数は大幅に減った。しかし全体の庇護申請者数が激減しなかったのは、審査に数年という時間がかかりコロナ禍前からの積み残し案件があるためか、あるいはコロナ禍で国境が閉鎖される前に他国に入った人々が少し時間が経ってから庇護申請したか、の理由が考えられる。

この関係で言うと、入国直後に庇護申請しなければならないというルールは国際法上には無く、また入国後直ちに庇護申請しなかったからその主張の信憑性が低い、というのも的外れの指摘である。「後発難民」というシナリオがあることは既に第一章で述べたが、そうでなくても、命からがら他国に逃げ込んだ段階でその国の庇護申請手続きに精通している人は決して多くない。また、心ある弁護士やＮＧＯ・ＮＰＯなどを見つけて支援を得つつ、証拠文書などを集めた上でしっかりとした申請書類を作成するには、少なくとも数カ月はかかる。加えて、例えば本国で官憲から凄惨な虐待を受けていた人であれば、突然他国の公的機関を直ちに信頼できるとは限らない。これらの理由から、入国後ただちに庇護申請しない人も多いが、だから信憑性が低いかのように疑うのは、真の難民が置かれた状況を踏まえない邪推である。

さて、他国で庇護を求める上での最初の大きなハードルが、そもそも自国を出ること、そして合法的に他国に入国することであり、近年特に困難になってきている。なぜなら、他国に着いた際に庇護申請しそうな外国籍者に、他国政府は査証(ビザ)を発給しないからである。一般的に「日本のパスポートは世界最強」などというランキングがある通り、日本国籍者は、外国に短期滞在目的で渡航する際に事前にビザ申請・取得を求められる国が極めて少ない。そのため日本人はビザにはあまり馴染みがないかもしれないが、世界では他国に向けて渡航する前に渡航先の政府からのビザを取得してからしか、そもそも自国を出られない「途上国」出身者がほとんどである。というのも、自国を出国する際の審査で、渡航先の国から発行された正真正銘のビザや在留資格を既に持っているかを、本国の入管職員や航空会社などの運航会社の職員が厳しくチェックするのである。なぜなら「運送業者の責任事項」(carrier liability)の一環として、もし正式な身分証明書やビザを持っていない渡航者を輸送してしまった場合には、その運航会社の責任と費用負担においてその渡航者を出発地まで送り返す法的責務を負わされる場合が増えているため、運航会社としても神経を尖らせている。

加えて最近では、「先進国」である渡航先(例えばイギリス)政府の入管職員(一般的に「リエゾン・オフィサー」(liaison officer)と呼ばれる)が、出発地(例えばナイジェリアやバングラデシュなど)の空港内に常駐し、渡航者が飛行機に搭乗する前に、正式な身分証明書や滞在許可証を既に持っているかチェックし、それらが無い場合には現地で搭乗を阻止するという制度を設けるケースが増えてきている。これは「国境の外部化」政策と呼ばれている。コロナ禍の最中に海外渡航を試みた読者のなかには、陰性証明書やワクチン証明書の提示を搭乗前に求められた経験をした方もいるかもしれないが、そのような事前審査は「途上国」出身者に対してはコロナ禍以前から日常茶飯事に行われているごく一般的な出入国管理手続きである。

要するに、そもそも「難民になるために自国を出る」こと自体が極めて難しくなっているのである。「はじめに」で見た通り、世界における強制移住者の半数以上が、難民や庇護申請者ではなく国内避難民であることの理由の一つはここにある。難民政策について議論する際に、「迫害や人権侵害が横行する国から日本が距離的に近いか否か」という話題がよく出るが、実際には地理的な遠近よりも、少なくとも合法的に出入国を試みようとする(潜在的)難民にとっては、渡航先政府がビザを発給してくれるかどうか、ビザ無しで入国できるかどうかの方が、行き先を決める上で重要な要素となる。距離の問題だけではない。

では、なぜ多くの政府が、潜在的な庇護申請者が自国にたどり着かないように必死で策を講じているのだろうか。それは、いったん外国籍者が自国の管轄圏内にたどり着いて庇護申請を行ったら、難民認定審査を経て「難民ではない」と判明するまでは、迫害を受けるおそれがある出身国には絶対に送り返してはならないという大原則が国際的に確立しているからである。これを「ノン・ルフールマン原則」と呼ぶ。難民保護を論じる上で極めて重要な原則であり、難民条約第三三条1項で以下の通り明確に定められている。

1　締約国は、難民を、いかなる方法によっても、人種、宗教、国籍もしくは特定の社会的集団の構成員であることまたは政治的意見のためにその生命または自由が脅威にさらされるおそれのある領域の国境へ追放しまたは送還してはならない。

この「いかなる方法によっても」という文言は国際法上極めて強い表現である。また、国際条約というのは通常はその条約を自発的に締結した国にしか適用しないのが基本ではあるが、このノン・ルフールマン原則は慣習法、つまり難民条約の締約国であるか否かに関わらず全ての国家が遵守しなくてはならない大原則として国際社会において確立している、という有力な学説がある。

ただし、このノン・ルフールマン原則にはすぐ次の2項で、重大な但し書きがあり、簡潔に言えば、受入国にとって危険な難民については追い返してもよい、という壮絶な例外規定が設けられている。ただしどのような者が「危険」なのか国際的に統一された基準は無く、また難民条約以外の国際人権条約にはより強力な送還禁止条項が設けられている。この点については極めて複雑かつ精緻な検討が必要であるため、第五章で戻ってきて詳しく論じたい。ここでは、難民条約は受入国にとって「危険な人」までも締約国に対して受け入れることを義務付けるものではないことだけ、確認しておきたい。

さて、ノン・ルフールマン原則の説明で、いったん庇護申請者が管轄圏内にたどり着いて庇護申請を行ったら、難民ではないと判明するまでは危険の待ち受ける本国に送還してはならない、と述べた。ここで言う「管轄圏内」とは、領土のみならず領海や領空、さらには外国にある在外公館、自国で登録された船舶なども意味すると解されており、国際的な判例によると「ある国家の実質的なコントロール下」に入った者を意味する。よって諸外国では、潜在的な庇護申請者が自国の実質的な管理下に入らないように必死の策を講じている。

例えば、地中海においてリビアを出港しイタリアに向けて進んでいる小船が仮に沈没しそうであっても、EUの欧州国境沿岸警備機関(通称フロンテックスFRONTEX)や海軍などが海難救助を拒み、なんとかリビア領海内に押し戻そうとしていることが疑われる事件が絶え間なく報告されている。それは、いったん自国の船に乗せてしまい庇護申請の意思を表明されると、ノン・ルフールマン原則に則り自国が難民認定手続きの責任を負う法的義務が生じるからである。そこで、地中海では公的機関の代わりに、NGOが救助船舶を運行したり、富豪が所有する個人の船舶で海難救助を行った上で、沿岸諸国や船籍国の領海に入って救助者を上陸させることを試みる活動が展開されている。しかしそのようなボートピープルを乗せた救助船に対して領海に入ることを認めない国も出てきており、公海上で「たらい回し」に遭う場合や、救助船の運航者を「密航幇助罪」で起訴するような国まで出てきている。地中海だけでなく、東南アジア諸国近海でもロヒンギャ難民を乗せたボートが長期間漂流させられる例は、度々報告されている。

ボートピープル等による密入国の流れで重要なのが、そのような不法入国を試みた人がそもそも庇護申請できるのかである。結論から言うと、答えはイエスである。難民が必ずしも合法的に入国できないというシナリオは既に一九五一年の段階で想定されており、難民条約第三一条は以下の通り規定している。

1　締約国は、その生命または自由が第一条の意味において脅威にさらされていた領域から直接来た難民であって許可なく当該締約国の領域に入国しまたは許可なく当該締約国の領域内にいるものに対し、不法に入国しまたは不法にいることを理由として刑罰を科してはならない。ただし、当該難民が遅滞なく当局に出頭し、かつ、不法に入国しまたは不法にいることの相当な理由を示すことを条件とする。

要するに、不法入国したり不法滞在中(いわゆるオーバーステイを含む)の難民であっても、いわば免罪されて庇護申請できるのである。通常の国境管理や法令遵守の原則からすると不可解かもしれないが、特に難民にとってはこの規定は重要である。なぜなら、そもそも難民とは本国政府からの保護が受けられない者や、本国の統治機能が崩壊している国から来る者であって、パスポートなどの身分証明書が発行されない場合もあるからである。最近の例で言えば、タリバンは外国勢力のために働いていたアフガニスタン人を「裏切り者」と見なして迫害しているが、タリバンに命を狙われているアフガニスタン人は、身分証明書などの発行を求めてタリバン監視下にある現地当局には到底アクセスできない。また、タリバンを正統性のある政権として承認している国は(二〇二三年末時点では)無く、タリバンが発行する文書は有効と見なされない可能性もある。さらにビザについては、多くの諸外国はアフガニスタン国内での領事業務を閉鎖しており、まだ自国を脱出できていないアフガニスタン人にとって渡航先への正式なビザを入手するのは至難の業である。

つまり、差し迫った身の危険がある難民であればあるほど、正真正銘の身分証明書や渡航文書を正規ルートで入手することができず、合法的に本国を出国し他国に入国することが極めて困難という、決定的なジレンマが存在するのである。難民条約の起草者たちは既に七〇年以上前にこのジレンマに気がついていたからこそ、上記の第三一条を差し込んだのであろう。

ただしここで重要なのは、では正規のパスポートなどの身分証明書を持っている者は「難民性」、つまり難民として認定される要件を有しているのかが疑われるのか、である。結論から言うと、この推察もいささか浅はかである。というのは、難民には非民主的・強権的な政権に対して異を唱える者、独裁国家の安定にとって「異端児」や「反乱分子」と見なされる者が含まれ、そのような者が外国に出てくれることは非民主的政権にとってはむしろ好都合な場合もある。また、様々な民族的・宗教的グループを抱える国家で民族浄化を試みるような政権は、一部の民族グループが自国からいなくなってくれることはむしろ望ましいとさえ思うだろう。そのような場合、本国の非民主的・独裁的・差別的政権が異端児・反乱分子・他民族と見なす者を排除するために、正式な身分証明書や出国許可証をかえって積極的に発行するシナリオも十分に考えられる。

ここまでの議論をまとめると、本国を合法的に出国したかどうか、また他国に合法的に入国し合法的に滞在しているかどうかは、その人の難民性の判断において決定的な要素では全くないのである。なお、近年国際的には「不法」移民・「不法」滞在者という表現を避ける傾向にあり、本書でも「非合法」とか「非正規」という言葉を使うこととする。

では、仮に首尾良く他国の管轄圏内になんとかたどり着いて庇護申請できたとして、どのような手続きを経て難民認定されるのか、それは各国ごとに千差万別である。難民条約には難民認定手続きに関する明示的な規定が無く、EU指令を除けば法的拘束力のある国際基準も存在しない。あえて一般的な例を挙げると、庇護申請を日本の出入国在留管理庁(入管庁)に準ずるような公的機関が受けつけ、行政官が一人一人の申請書類をチェックし、個別にインタビューを行い、それぞれの地域や国が採用する難民の定義に合致するか審査し、不認定とされた者は第一次審査を担当した公的機関とは別の公的機関に異議申し立てを行う権利が与えられる。場合によっては、政府による難民不認定の決定に対して、行政訴訟を起こして裁判で争うケースもある。

どの国から来た庇護申請者か、またどの国による難民認定審査かによっていわゆる難民認定率は大きく開きがある。例えば、主な難民出身国に共通性が見られ、本来であれば統一された認定基準を用いているはずのEU加盟国間ですら、図2-1の通り各国間で相当な乖離が見られる。ただし、あえて全世界の全庇護申請者に対する難民認定率の大まかな目安を言うならば、近年は四〇%前後で推移しているとみられるが、UNHCRの統計ではこの中に難民認定者だけでなく、以下で見るその他の国際的保護も含めているので注意が必要である。いずれにせよ少なくとも半数以上の庇護申請者に対し「難民として認めない」という決定が下されている。もっとも、難民不認定になったということと、その人が直ちに本国に強制送還されるかというのは別問題であり、一定条件の下で暫定的な滞在資格を出したり、「自発的帰国・社会復帰支援事業」で穏便な帰国を促したり、各国とも難民不認定者の取り扱いには苦慮している。

なお、日本でもよく話題に上がる難民認定率であるが、正しくは、ある年にある国が難民と

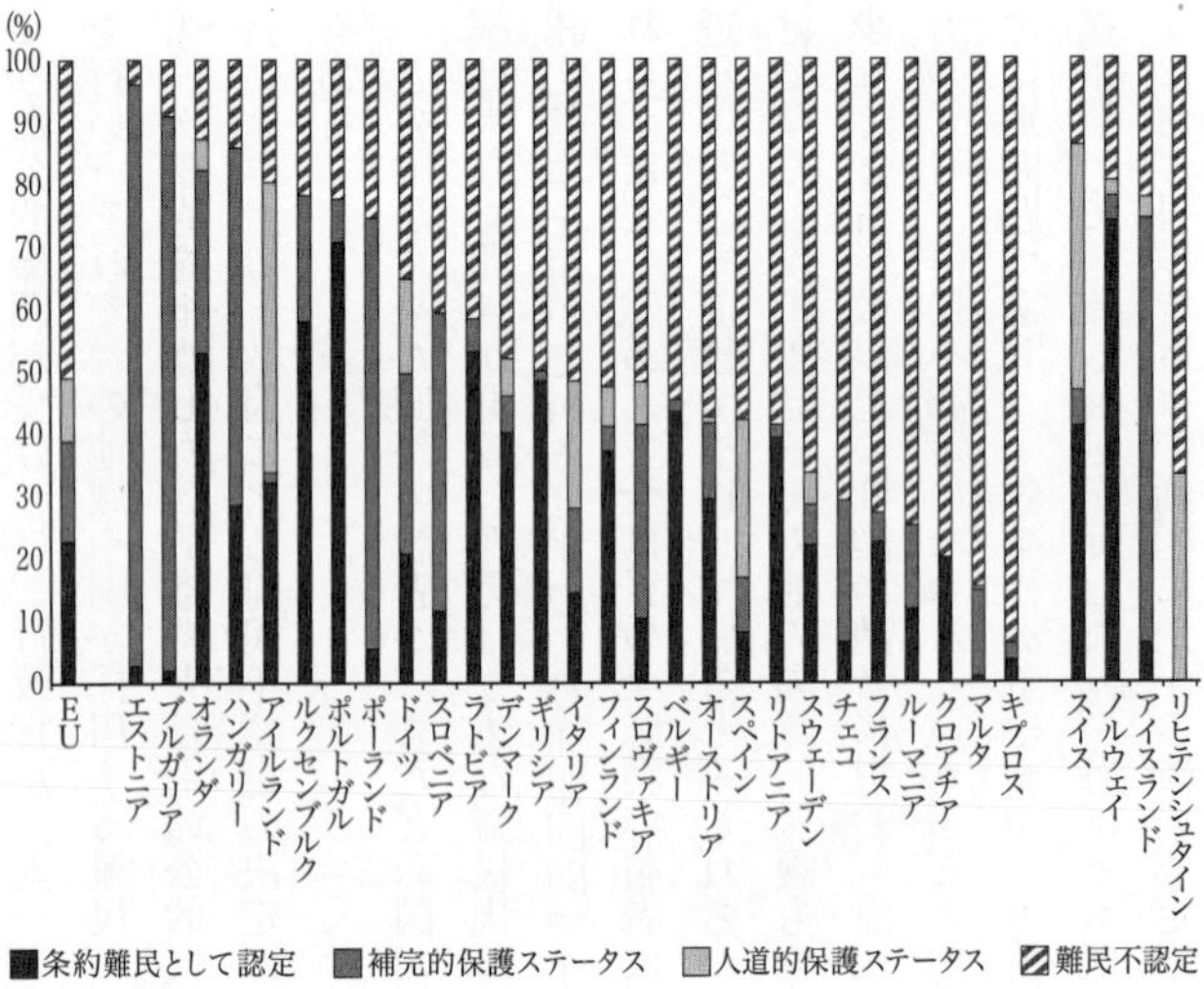


**図 2-1　EU 加盟国などにおける庇護審査の第一審結果(2022 年)**
出典：Eurostat. 作図＝前田茂実

して認定した人数（または件数）を分子として、それを同国が同年に下した難民認定・不認定の処理数（決定数）を分母として割り算したものである。極めてよくある間違いが、その年の庇護申請者数（または件数）を分母とするものであるが、難民認定審査には数年かかることは珍しくないため、庇護申請者数（または件数）を分母と勘違いしてしまうと、分子と分母の対象にズレが生じてしまう。いずれにせよ、日本の難民認定率は極めて低いことで有名であり、第四章で解説したい。

難民として正式に認められた後は、即時に永住権か長期の在留資格が与えられるのが通常である。もちろん出身国の政情が大きく改善し、迫害のおそれが一切払拭された場合には帰国することが可能になるため、難民という地位は少なくとも理論上は、いったん与えられたからといって未来永劫続くものではない。難民条約の第一条Cでも「終止条項」と言って、どういう条件が整った場合に、個人の難民としての地位が終わるかが規定されている。例えば、本国に自発的に戻って中・長期間とどまった場合や、新たな国籍を取得した場合、また本国での「迫害を受けるおそれ」が消滅したような場合が想定されている。よって、いったん与えた難民認定を取り消すことも手続き上は可能ではあるが、迫害のおそれが完全に無くなるには長い年月がかかるのが通常であり、その間に受入国の国籍や市民権を取得するケースも少なくない。また難民認定の取り消しも、難民認定と同等に極めて煩雑な作業が必要となるため、いったん出した難民認定決定を積極的に取り消す国は極めて稀である。この例外国の一つが、第六章でみる近年のデンマークである。

「難民の地位に関する条約」という条約名が示す通り、難民条約のうち第一二条から第三四条までのほとんどの条文は、難民が受入国において享受できる諸権利を列挙したもので、例えば就労の権利や社会保障の権利、移動の自由、教育の権利、帰化の促進などが定められている。権利の内容によってその程度に差はあるが、大まかに言えば自国民と同等か、最恵国待遇(つまり外国籍者の中で最も優遇されている人と同等)か、一般の外国人と同等の権利が保障されている。

同条約には「正式に難民として認定された者」と「難民認定申請者」を区別するような条文は無く、難民(である可能性のある人)がある国の管轄圏内に「物理的にいる」、「合法的かつ継続的にいる」、「合法的に滞在する」、「常居所を有する」というふうに、滞在国における定着の度合いによって段階的に権利保障が強まる、という有力な学説がある。しかし、とりわけ非正規滞在中の庇護申請者に対して就労の権利を認めるか、どの程度の社会保障を与えるかについては、各国において大きな議論を呼んでおり政策も頻繁に変更されていて、必ずしも国際的に統一された基準があるわけではない。

なお、難民条約は権利ばかりでなく難民の義務も明記している。第二条というかなり早い段階で「すべての難民は、滞在する国に対し、特に、その国の法令を遵守する義務及び公の秩序を維持するための措置に従う義務を負う」と謳われている。難民条約を起草した各国の代表団が、難民の権利の最大限の保障と同時に、国家の秩序維持や法令遵守も重視したことがはっきりわかる条文である。人道と国益の交差点が明記されたものと言える。

## 難民の集団的受け入れ——なぜ「途上国」は寛大なのか

ここまでは、正規・非正規を問わず運よく何とかして自力で他国にたどり着いた庇護申請者一人一人が提出した書類を、受入国の公的機関が個別に審査して一人一人に対して認定・不認定の決定を出す、というプロセスを見た。その一方で、中東・アフリカや中南米諸国などで見られるように数十万人・数百万人の難民が極めて短期間に到着し庇護を希望した場合、どう対応することが可能かつ適切なのか。一般的には「庇護申請の審査結果は六カ月中には出すことが望ましい」とされてはいるが、実際には数年かかるケースも珍しくない。例えば、二〇一五年の一年間に八九万人の新規庇護申請を受け付けたドイツでは、まだ全ての認定手続きが終わっていないとされている。上で見た通り、庇護申請手続き中の地位は不安定であり、庇護申請者にとっても受け入れ社会側にとっても、その期間が長引くのは好ましくない。

そこで、大量の庇護申請者が押し寄せて来た場合に、個別の難民認定手続きを丁寧に行うことが現実的でないような状況で採用されてきたのが、「一応の難民認定」(ラテン語では prima facie)あるいは「集団認定」と呼ばれる手続きである。これは一般的には、特定の日以降に特定の国の迫害のおそれから逃れて入国・滞在を求める外国籍者については、「難民ではない」と断定するに十分な証拠が無い限り、個別の難民認定審査無しに簡単な身分事項の確認と登録作業だけで、その国が採用する難民の定義に当てはまる難民とみなして、基本的に難民と同等の権利や支援を保障する、という制度である。ただし、難民条約などの国際法で明示的な規定があるわけではなく、どのような条件下と手続きで一応の難民認定を行うのか、また正式な個別手続きを経て条約難民として認められた者と比べて権利や支援内容に差をつけてよいのか、

（UNHCR発行のガイドライン一一を除いて）国際的に統一的な基準は無い。また、「一応の集団認定」と似て非なる制度が「一時的保護」措置であり、以下で詳しく検討する。

歴史的に見て「一応の集団認定」を行って短期間に大量の難民を実質的に受け入れることが多いのは、「途上国」である。少なくとも二一世紀においては常に、世界における八割前後の難民は「途上国」で保護・支援されている。その理由の一つは第一章で見た通り、アフリカと中南米諸国では、外国からの侵略や内戦、暴力が蔓延している状態、「公の秩序が著しく乱されている状態」といった難民条約の定義には含まれない諸事情を逃れてきた者も、地域的定義に基づく難民として認めるからである。ただし、中東やアジアには難民条約に加入していない国も多いが、それらの国々も日本では想像もできないような大規模で難民を受け入れている。

例えば、二〇一〇年一二月以降の「アラブの春」に端を発した「シリア難民危機」では、ピーク時で六〇〇万人近いシリア人が近隣国に避難し、二〇二三年末の段階で、トルコには約三二〇万人、レバノンには約八〇万人、ヨルダンには約六五万人の正式に登録されたシリア難民がいる。これらの人々に加えて、正式に登録していないシリア人も多くいるとされており、彼らを含めると例えばレバノンの総人口に占めるシリア国籍者の割合は三割近くにまで上るとされる。多くのシリア人はレバノンの地元住民と言語や宗教を同じくするとはいえ、住民の三人に一人が難民というのは極めて高い比率である。また、アジアにおける最貧国の一つと言われるバングラデシュは、ミャンマー軍による迫害を逃れたロヒンギャ難民を一〇〇万人近く受け入れている。レバノンもヨルダンもバングラデシュも、難民条約の締約国ではない。

では、なぜ「途上国」は一般的に「先進国」よりも難民受け入れにおいて寛容なのか。この点については様々な仮説が立てられ、現地調査を踏まえた研究が行なわれている。例えば一部には、そもそも「途上国」では国境管理がずさんだから、非正規な方法で入ってくる難民を阻止することができないのでは、といったいささかシニカルな見方もある。しかしどの「途上国」も軍隊や警察は持っており、本当に阻止しようとすれば国境警備隊などの大規模な派遣は可能なはずである。実際、一九九〇年代のコソヴォ危機においてマケドニア(現北マケドニア)は、隣国セルビアから多数のアルバニア系住民が入国を試みた際に、「国の安全または公の秩序」の維持という難民条約第三二条でも認められている理由を引き合いに出して、国境を強制的に閉鎖し入国を阻止した。より最近では二〇二一年後半に、中東・アフリカ系とみられる人々がベラルーシを通ってポーランドに入国を試みた際に、ポーランドは国境警備隊を派遣して入国を強硬に阻止し、鉄条網をくぐって入国した人々をベラルーシ側に強制送還しようとしたが、それに対抗したベラルーシも国境地帯への軍の派遣に及んだとされる。よって、「途上国」は国境管理が甘いから難民の流入を止められない、だから意図せず結果的に難民を多く受け入れざるを得ない事態になっている、という見方の説得力は弱い。

また、多くの「途上国」は難民を保護することによって得られる国際的財政支援を期待しているのでは、という別の仮説もある。実際、二〇世紀後半に「途上国」で発生した難民の多くは、逃れた先の「途上国」でキャンプに滞在することを要請された。難民キャンプ内での衣食住・医療・教育などの物資面での支援は通常、国連機関やNGOなどがドナー国政府からの拠出金を基に展開する人道支援活動によって賄われる。そのような国際援助機関の活動は地元住民や受け入れ地域の開発にも裨益するよう実施することが標榜されているため、海外からの資金援助という副次効果を狙って難民を受け入れるのでは、という説である。

ただし最近の傾向では、難民キャンプが受け入れ地域に与える政治・経済・民族・安全保障・環境面などの様々な弊害を危惧して、受入国政府が難民キャンプの設置を許可しない場合も増えてきている。また、難民自身が自分の行動が制限されることをおそれて、難民キャンプでの滞在ではなく一般市民と同様に住居を借りたり、親族や知人宅に身を寄せることも多い。例えば、トルコ、ヨルダン、レバノン、イラク、エジプトにいるシリア難民約六〇〇万人のうち、いわゆるキャンプに滞在しているのは二〇一六年以降で見れば全体の五～一〇%に過ぎない。国際援助機関の広報資料や一般的なメディアでは、わかりやすく「絵」になるため大規模な難民キャンプの写真を掲載することが多いが、それは一部だけを切り取った姿である。もちろん、キャンプ外で生活する難民にも国際援助機関からの人道支援は提供されるが、数十万・

数百万規模の難民を受け入れることで「途上国」政府や地元住民が負っている様々な負担を上回るような利益を、「先進国」から出される拠出金や援助機関による人道支援に期待できるのか、コストとベネフィットの計算結果を断定的に出すのは困難である。

実は最近の研究で明らかになって来たのは、主な理由は上記のいずれでもなく、多くの「途上国」や中進国では、受入国側の政策決定者の中に、難民として入国を求める者と同じ民族的・部族的・宗教的つながりを持つ人がいる、という要素がより重要な役割を果たすという視点である。アフリカや中東の地図を見れば明らかな通り、多くの「途上国」、特に元被植民地国は極めて恣意的に引かれた人為的国境線で隔てられており、受け入れ側住民と国境を隔てた隣国で迫害されかけている人民とが、宗派や部族的背景を同じくすることが珍しくない。例えば受入国の国家元首を含む政府高官、受け入れ側地域住民、そして難民側の三者が同じ信条や民族的背景を持つ場合、政策決定者が「我々の仲間が迫害を受けているから、受け入れよう」と訴えれば、住民からの理解も得られやすい。仮に政策決定者が難民と同じ背景を持っていなくても、中東地域では多民族帝国の歴史があり、他地域からやって来たよそ者でも自活できたり、地元住民からの施しでなんとか生活できるのであれば、政府当局は関与しない、よそ者をあえて排除しない、というレッセフェール的な伝統がある、という中東専門の人類学者D・チャティの分析もある。

さらに中南米諸国では、主に一九七〇年代から八〇年代の軍事独裁政権下において、自分自身が強制移住せざるを得なかった者が、現在の居住地において政府高官の地位に就いている場合もある、だから難民や避難民に寛容な政策が採られる傾向がある、という指摘もある。中南米諸国の庇護政策を論じる際に、「連帯」(スペイン語 solidaridad)という概念が使われることが多いが、そこには「自分自身が昔難民だったから」という背景もあるとされる。例えばコロンビアでは、政府と反政府武装組織(コロンビア革命軍 FARC)などとの内戦が五〇年以上続き、累計で約七〇〇万人の難民がベネズエラを含む周辺国で保護されていた。その後二〇一八年からは逆にベネズエラ国内の複合的危機を逃れようとする人に対して、とりわけコロンビアが極めて寛大な庇護政策を展開している。要するに、相互主義に基づく将来的な保険制度、よりかみ砕いて言えば「困った時はお互いさま」論理とも言える。

## 国家間の保険制度としての難民保護

前項では、主に「途上国」について、将来的に自国が危機に直面した場合のための保険制度としての難民保護という側面に触れたが、これは世界的規模でも重要な視点である。第一章で見た通り、難民の発生は国民国家体制における当然の帰結として想定の範囲内であり、国際社会は難民保護体制を標準装備しておく必要がある。そうでないと、大量の難民がどの国にも受け入れられず漂流し続け、非人道的であると同時に、国際社会全体にとって不安定要因になりかねない。外国から自国にたどり着いた人を国家間で「たらい回し」にするのではなく、とりあえず暫定的にでも滞在を許し、保護すべき者か審査し、保護すべきと判断された者が余りに多い場合には他国に負担分担を頼み、仮に重大国際犯罪を犯した者(つまり難民とは認められない者)であれば国内で処罰するか、しかるべき国際的裁判所に引き渡すか。このような振り分け作業を分かち合うこと自体が主権国家間で相互に約束された保険制度であり、国際難民保護体制の肝なのだと、ロンドン大学難民法イニシアチブ所長のD・カンターは説く。

ここで一つ確認しておきたいのが、迫害や民族浄化、ジェノサイドのような極限的な状態から逃れてきて国境地帯にたどり着き入国を求めてきた外国籍者に対して、入国を許可する法的義務がそもそも受入国側にあるのか否かである。この点については実は国際法上は明確な規定が無い。上で見た「ノン・ルフールマン原則」は、自国の管轄圏内に既に入った難民(である可能性のある人)を、迫害のおそれがある本国に送還してはならないというルールであって、まだ物理的・法的に管轄圏外にいる人にまで適用するものではない。ではどの時点で「管轄圏内(あるいは実質的なコントロール下)に入ったと見なすのか」は、各国の裁判所や学術書などで個々のケースについて極めて精緻な解釈論争が繰り広げられており、一般化は極めて難しい。ただし、国境を隔てた隣国において、例えば政府軍が市民に対して発砲していたり、民族浄化やジェノサイドが実際に起きていて、もし入国を許可しなければ隣国の住民の生命に差し迫った危険が直ちに及ぶことが極めて明確であるような場合(例えば、二〇二三年一〇月以降のガザの状況)に、国境地帯で明示的に入国を求めてきた外国籍者に対して入国を拒否するのは、難民条約や国際人道法、国際人権法の少なくとも主旨と精神に反するという解釈が広まってきている。

他方で、迫害のおそれがある出身国Aから既に逃れて別の国Bに入国・滞在している人が、さらに別の第三国Cに対して入国を求めた場合、今いるB国において迫害や本国送還のおそれが無く基本的な人権が保障されているのであれば、第三国CはB国内にいるA国出身者の入国を積極的に認める法的義務は無い。実はこれは現在アメリカ大陸で起きている現象である。ホンデュラス、ニカラグア、エルサルバドル、ベネズエラなどにおける圧政、統治機能の崩壊、経済破綻、ギャングによる殺戮などの複合的危機を逃れた多くの(避)難民が北米を目指して移動しており、メキシコに入国した後にさらに北上して、メキシコと米国の国境地帯(例えばティフアナなど)で米国の入管当局に対して入国や庇護を求めている。この場合、何らかの理由でメキシコにいると迫害のおそれがある場合には、米国側は入国を認めるべきと筆者は考え、実際バイデン政権は暫定的個別検討を経て多くの庇護申請者に入国許可を出している。他方で、基本的にメキシコ政府は、トランプ政権時代からの米国政府からの外交圧力もあって、他の中南米諸国からの(避)難民に対して一定期間の滞在許可と就労許可を出しており、メキシコで安全に滞在できる中南米出身者全員に対してまで、米国が国境を開く国際法上の義務は無い。と同時に、さらにことをややこしくするのは、難民の立場からすると、最初に逃れた外国で庇護申請しなければならない、というような義務は国際法上どこにも明記されていない。したがって、中南米出身の（避）難民側としては、メキシコはあえて通過して米国の入管当局に対して国境地帯で庇護申請する権利が十分にある。その一方、米国政府としてはメキシコに安全に滞在できる庇護申請者にまで入国を認めるべしという明示的義務は無い、というギャップが生じてしまうわけである。このギャップは、アメリカ大陸だけでなく世界各地で発生している現象であり、現在の国際難民保護システムの瑕疵の一つと言える。この瑕疵を是正しようとしてきたのがＥＵで、二〇一三年に現行の「ダブリン規則(Ⅲ)」を制定し、加盟国間でどの国がどの庇護申請者の申請を受け付け審査する義務があるのかの判断基準を予め設けている（ただし二〇二三年末時点で一部改訂作業中）。

## 一時的保護

上の項では、数十万・数百万人という規模の難民が短期間に到着した際に個別審査には馴染まないため、「一応の集団認定」という措置を採る国が主に「途上国」にあることを述べた。これに似て非なる措置が、「一時的保護」(temporary protection)と呼ばれる受け入れ方である。

これは、一九七〇年代後半に数百万人規模のインドシナ難民の受け入れを迫られた周辺の東南アジア諸国が強い難色を示した際に、オーストラリアが発案したのが始まりとされている。

そもそも条約難民の保護自体が、本国において迫害のおそれがあって本国政府による保護を受けられない期間に限って本国政府の代理でその国民を保護する措置であり、少なくとも理論上は難民の保護自体が一時的で構わない、ということは第一章で既に述べた。では、条約難民としての保護といわゆる一時的保護の何が異なるのかというと、一つには、一時的保護の場合には往々にして条約難民に比べて簡素な手続きで一時的保護対象者として認められること、そして二点目は、一時的保護対象者には条約難民と比べて多少なりとも劣る権利や資格しか認められない場合があるということである。ただし、一時的保護についても全世界を網羅するような国際的に統一された基準は無く、紙幅の都合上、本項ではウクライナ(避)難民への対応で注目を浴びたEUの一時的保護と、一九九〇年代から一時的保護措置を実施している米国の事例を簡単に紹介したい。

【EUの一時的保護】

まずEUによる一時的保護の端緒は、少なくとも一九九〇年代まで遡ることができる。既に触れたように、旧ユーゴスラヴィア諸国における内戦やコソヴォ空爆を逃れた大規模(避)難民が流入した際に、多くのＥＵ諸国が様々な庇護措置を導入した。その措置の具体的内容は各国バラバラで、(避)難民側にも受入国側にも混乱や不均衡が生じたため、その反省と再発防止として「欧州共通庇護制度」がその後約二〇年以上かけて少しずつ策定・改訂されてきた。その欧州共通庇護制度の初の指令として、二〇〇一年に採択されたのが「一時保護指令」である。

同指令は、短期間に大量の避難民(原文では displaced persons)がＥＵ圏内に庇護を求める事態において、期間限定的な庇護(最長三年間)を与える場合の最低基準を定めたものである。基本的に、特定の国や地域における武力紛争や蔓延する暴力、あるいは制度的・一般化した人権侵害の深刻な危険から逃れる人を主な対象としている。その中には、難民条約上の難民の定義に当てはまる人も含まれることが想定されるため、一時的保護期間中に庇護申請することも妨げられず、また仮に難民不認定という結果となったとしてもまた一時的保護を享受し続けられる。さらに、既に何らかの形でＥＵに入域済みで一時的保護を求める人ばかりでなく、まだＥＵ外にいる人で一時的保護を求めてＥＵ諸国に入ることを希望する者に対しても、簡素化された査証申請手続とすることが定められている。処遇内容については、あくまでも最低基準を定めたものであり、ＥＵ各国間で避難民に与えられる支援や権利のレベルは異なるものの、一般的に言えば、就労、住居、社会保障、医療、就学の面で、最低でも庇護申請者と同等あるいはより優遇された権利や支援が、特定の地域や国の出身者に集団的に保障されている。これにより、個々の（避）難民が正式な難民認定申請をわざわざ行う意義を実質的に相殺する効果もある。

要するに、（避）難民にとっては、複雑で時間のかかる個別庇護申請を行うことなく庇護申請者（や場合によっては難民）に準ずる支援や権利にアクセスできるという人道的な利点がある一方で、受入国側の政府にとっては、庇護行政がパンクするのを防ぎつつ、かつ大量の（避）難民の保護に直ちに全面的に長期にコミットすることを回避できる、という利点がある。まさに、人道と国益の交差点である。

しかし、ＥＵの一時保護指令が発動されるには、大量の避難民を生み出すような状況が特定の国や地域に存在することを、欧州委員会の提案に基づき特定多数決制で欧州理事会が決定する必要があり、またいったん決定された内容は、原則的には全ＥＵ加盟国を法的に拘束する効果を持つことなどから、採択後二〇年間以上、「シリア難民危機」の際も含め一度も使われたことがなかった。にもかかわらず、二〇二二年二月二四日にロシアがウクライナ軍事侵攻を本格的に始めた際には、わずか一週間という驚異的な速さで、全会一致で、しかもウクライナからの（避）難民はＥＵ内で滞在国を自由に選べるという、欧州共通庇護制度の大原則（ダブリン規則）を破る形で、二〇二二年三月四日付けのＥＵ理事会決定で初めて発動された。これは、欧州の第一線の難民法・政策研究者たちでさえ驚愕させたのだが、迅速な発動の背景には様々な地政学的・法的・人道的・外交的・イデオロギー的・民族的事情が考えられる。

まず最大の理由は、ＥＵ諸国はウクライナと往来自由な国境を接しているという事情である。ウクライナはＥＵ加盟国であるポーランド、スロバキア、ハンガリー、ルーマニアと直接国境を接する隣国であり、しかも二〇一七年五月のＥＵ＝ウクライナ間の取極めにより、ウクライナ国籍者は査証無しでシェンゲン圏（原則的に出入国審査無しに自由に国境を往来できるＥＵないし欧州自由貿易連合加盟国、二〇二二年時点では上記四カ国のうちルーマニアは圏外）に入域し九〇日間を上限とした移動の自由が既に認められていた。よって、ロシアによる本格的な攻撃が始まった途端に、大量のウクライナ市民がＥＵに入域し保護を求めようとすることは容易に予想できた。もし何百万人というウクライナ人が一斉にＥＵ諸国に入って個別の庇護申請を行えば、各国の庇護行政は瞬く間に破綻の危機を迎えるのは明らかであった。ＥＵ諸国の中には「シリア難民危機」で保護を求めた者の積み残し案件を数万人規模で抱える国もあり、審査結果待ちの庇護申請者が急増することで、社会不安や極右の更なる伸張に繋がることも避けなければならなかった。要するに、他の「難民危機」と違って、ＥＵ諸国と（避）難民の出身国との間に緩衝地帯は無く、ＥＵ加盟国自身が第一次庇護国として何らかの措置を講じなければならない地政学的・法的立場に追い込まれたのである（図２-２）。

ただし、二〇二二年三月四日のウクライナ用一時的保護決定の内容を精査すると、深刻な懸念が一点浮かび上がってくる。それは、二〇二二年二月二四日の段階でウクライナに合法的に

図2-2　ウクライナ（避）難民の避難先（2023年末）
出典：UNHCR Operational Data Portal より筆者作成．作図＝前田茂実

滞在していた人のうち、ウクライナ国籍を持たない人（いわゆる外国人や無国籍者）は、仮に出身国に安全に帰還できなくても、一時保護措置の対象者としなくてもよい、と明記されたことである。確かに、ウクライナ政府によって既に難民認定されていた（非ウクライナ）人やウクライナ人の家族は国籍問わず対象となったものの、大まかに言えば「ウクライナ人以外お断り」原則である。

侵攻前の時点でウクライナにいた外国籍を有する人（約五〇〇万人）のうち圧倒的大多数はロシア系であったが、約四七万人はアジア、中東、アフリカ出身の留学生や移住労働者であった、とIOMは推定している。また少数ではあるものの庇護申請中の人もいたが、彼らの多くは本国にも帰れず、ウクライナは戦争状態で、かつ

ＥＵにも入域拒否されるという事態に陥った。そのような窮状に関して、国連の人種差別特別報告者やアフリカ連合議長が公式に抗議声明を発表するまでに至った。非ウクライナ系(避)難民を実質的に排除することを最後まで強硬に要求したのはヴィシェグラード諸国(チェコ、ハンガリー、ポーランド、スロバキア)と報じられており、それらの国々のうちいくつかは、「シリア難民危機」の際、イタリアとギリシアにたどり着いた多数の庇護申請者のうち一六万人をＥＵ諸国間で再配分する、という履行義務に違反し続けた国々と重なる。つまり、ウクライナ(避)難民に対する異例の決定は、非ヨーロッパ系(避)難民の排除の上に成り立つ「寛容さ」だったことに、留意が必要である。

なお、ＥＵ諸国によるウクライナ人限定での寛容さは、プーチン大統領に対する間接的な批判や当てこすりでは、という見方もあるが、その要素は実質的には低いと筆者は見ている。ウクライナ政府は総動員令に基づき、一八歳から六〇歳の男性の出国を原則禁止していることもあり、(避)難民の圧倒的大多数は女性や子ども、高齢者であって、寛容な受け入れ姿勢は確かに人道的であるし、ウクライナとの連帯の誇示にはなる。しかし、ウクライナ国内からウクライナ人が減ることは、ロシア政府にとってはむしろ歓迎すらしたいことのはずである。またウクライナ軍にとってもロシア軍にとっても、非戦闘員(つまり一般市民)がウクライナ国内から暫定的にでもいなくなってくれることは戦時国際法(国際人道法)に則った形で戦闘しやすくなるものの、そのことが必ずしもウクライナ軍の戦局に有利に働くとは限らない。むしろ、（避）難民受け入れを本当に戦略的に戦局や政局に生かすのであれば、ロシア人のうち兵役を忌避する者を大量に受け入れる方がずっと効果的であるし、実際ＥＵ諸国が反プーチン派・反戦派のロシア人（とりわけ良識者と見られる人々）を積極的に受け入れているのは、プーチン政権に対する政治的・イデオロギー的・外交的・戦略的批判を込めての庇護政策である。

【米国の一時的保護】

さて、大西洋を隔てた米国では、「一時的保護」と明示された措置として「一時保護ステータス」（Temporary Protected Status）が、米国移民国籍法のセクション二四四に定められている。既に米国に継続的かつ物理的に滞在していて米国籍を有しない人を対象としている。それに対し、まだ米国外にいて米国への合法的入国と一時滞在を希望する人用の「人道的入国許可」（Humanitarian Parole）という措置もあり、後者も一時的な滞在を認めるものではあるが、その性格や目的は大きく異なる。前者の一時保護ステータスは、基本的に本国が以下のいずれかの状況に当てはまり安全に帰国できない場合が要件である。

①武力紛争が継続中

②地震、洪水、干ばつなどの自然災害の被害や伝染病が蔓延している

③その他の尋常でない一時的な状況

これらのうち、③については司法長官に対象地域の指定権限がある。一時保護ステータスの対象者の主な権利としては、最長一八カ月(更新可)の間、退去強制や収容の対象とならず、雇用許可証発行の対象となり、米国外に渡航しても再入国が可能で、他の在留資格にも変更可能などである。二〇二三年末時点で、対象国となっているのは指定時期の古い順に、ニカラグア、ホンデュラス、エルサルバドル、ハイチ、ソマリア、スーダン、ネパール、南スーダン、イエメン、ベネズエラ、シリア、ビルマ(ミャンマー)、アフガニスタン、カメルーン、ウクライナ、エチオピアで、少なくとも六〇万人の外国籍者が米国内で一時保護ステータスを享受している。古くは一九九〇年代から指定されている対象国もあり、「一時的」という本来の趣旨との齟齬も指摘されている。中には、第一章で述べた「後発難民」として庇護申請する者も考えられ、一時保護ステータスと庇護申請は相互に排他的ではない。当然、どこの国をいつのタイミングで対象地域に指定するかに、その時々の米国外交政策の利害関係が如実に反映され、国益と人道が交差する。

## 補完的保護

一時的保護としばしば混同されるのが「補完的保護」である。これも国際的に統一された定義や基準は無いが、主要な学説では「難民条約上の難民の定義には当てはまらないと判定された者のうち、ノン・ルフールマン原則に基づいて国際的保護が必要と判断された者に与えられる地位」とされている。前述の通り、一時保護中には庇護申請できるため、既にこの時点で、補完的保護と一時的保護は大きく異なることがわかる。では、補完的保護は具体的にどのような者を対象としているかについて、世界各国の様々な基準をオーストラリアの難民法学者J・マカダムは以下三つに大別している。

（ア）蒙るおそれのある危害が、難民条約で定められた「迫害」のレベルに達しない場合
（イ）迫害のおそれはあるが、その理由が難民条約上の五つの事由に繋がっていない場合
（ウ）何らかの国内法上の取極めにより難民条約上の難民のステータスを享受できない場合

より具体的に、地域別・国別にどのような補完的保護が制定されているか見ていくと、例えば、第一章で触れたEUの資格指令に定められた補完的保護の対象者は、帰国した場合に、「①死刑または死刑執行、②出身国における申請者への拷問又は非人道的な又は品位を傷つける取扱い又は刑罰、③国際的または国内的武力紛争の状況における無差別暴力による文民の生命または身体に対する重大かつ個別の脅威」のいずれかの重大な危害を蒙る現実的な危険に直面することになると信ずるに足りる実質的根拠が示された者である。基本的には上記の(ア)ないし(イ)に分類されると考えられる。また、米国では「送還すると拷問されるおそれがある

者」が補完的保護対象者と分類されており、上記の(イ)に該当する。

カナダも同様に、「送還すると、拷問か生命の危険か残虐かつ異常な処遇または処罰に遭う者」と定義されている。ただし、カナダの場合は「国内避難の可能性」がある場合、つまり出身国内で安全に暮らせる別の地域があるのならそちらに移住すべしという考え方を採用しており、また出身国における「保健医療の不備は拷問とはみなさない」という解釈を明記している。後者については、諸外国の裁判で、「受入国(多くの場合先進国)で現在受けられている保健医療措置(例えば高度なガン治療や移植手術など)を、本国(多くの場合途上国)に帰ったら受けられないことが確実であるため死亡する可能性が高いとわかっている場合に、その外国人を強制送還することが拷問に当たるか」が争われることが増えてきているため、その難問に予め答えた規定と言える。このようにカナダでは、補完的保護の範囲に諸条件を付けているものの、いったん対象者として認められたら、原則的に永住権を付与して、永住者としての諸支援を受けられる制度となっており、硬軟織り交ぜた政策と言える。また、オーストラリアでは補完的保護の要件を、「生命の恣意的剝奪、死刑、拷問、残虐または非人道的処遇や処罰、品位を傷つける処遇か処罰」としている。

このように、個別の庇護審査を多く処理している「先進国」間での最大公約数を探ると、条約上の難民とは認められない者のうち送還したら「拷問」のおそれがある外国人は保護しよう、という最低基準が浮かび上がってくる。その背景には、EU諸国、米・加・豪などを含む一七三カ国が入っている「拷問等禁止条約」(一九八四年採択、一九八七年発効、日本は一九九九年に加入)の第三条1項において以下の通り定められていることがある。

締約国は、いずれの者をも、その者に対する拷問が行われるおそれがあると信ずるに足りる実質的な根拠がある他の国へ追放し、送還し又は引き渡してはならない。

この規定には、本章のはじめに見た難民条約上のノン・ルフールマン原則とは違って但し書きも一切無いため、締約国・受入国にとっては「問答無用」の極めて強い規定となっている。加えて全てのEU加盟国は、「欧州人権条約」の締約国であり、その第三条「拷問の禁止」においても、「何人も、拷問または非人道的なもしくは品位を傷つける取扱いもしくは刑罰を受けない」と定められている。これらの規定は「域外適用性」、つまり単に締約国内で誰も拷問等を受けないだけでなく、そのような取り扱いを受ける可能性がある国に外国人を送還してはならない、とも解釈するという判例が確立している。よって、拷問等禁止条約や欧州人権条約の締約国は、少なくとも拷問を受ける可能性がある国に外国人を(正規滞在者か非正規滞在者を問わず)送還できなくなっているのである。ところが、「送還されない・できない」ということと、受入国でその人が正規の在留資格を得て様々な権利や支援を享受できるというのは別のことであり、送還停止状態にはあるが人間らしい生活は一切できないという宙ぶらりんの状態に外国人が置かれるおそれが生じてしまった。そのような中途半端な状態は、本人にとっては非人道的であるし、受入国政府にとっても社会不安を誘発しかねない。要するに国際法上の規定のギャップを国内法制度で穴埋めし、現実的な解決策として整えられてきたのが各国における補完的保護とも言える。

加えて、米・加・豪に比べると、EUの資格指令には「国際的または国内的武力紛争の状況における無差別暴力による文民の生命または身体に対する重大かつ個別の脅威」という重大な危害を蒙る現実的な危険がある者も、補完的保護の適用範囲に入れられていることが特筆に値する。この背景には、紛争下にいる非戦闘員の人道的処遇が保障されない地域には外国人を送還しない、という形で国際人道法(武力紛争法)の主旨と精神を実施しようという意図が見える。と同時に、少なくとも表面上は「純粋に人道的」に見える理由に基づいて外国籍者を保護することで、難民条約上の難民として保護することに伴う政治的・外交的軋轢を回避する狙いも、推察できる。つまり、「貴国政府の政策自体に異を唱えるものではないが、貴国は現在たまたま戦闘状態にあるので、貴国に代わって貴国民を保護しますよ」という中立的・人道的メッセージを出すことができるのである。さらには、個別の迫害のおそれが無くなったことを証明するよりは、武力紛争がある程度沈静化した情勢を示す方が容易であるため、紛争地からの庇護を求めて来た者に帰国を促しやすい、という可能性もある。その他細かい法制度や文言について種々批判はあるものの、EU諸国で補完的保護が認められた者は、条約難民とほぼ同等の権利や支援を受けられる規定となっていることは、人道的観点から大きな進展である。

## 一時的保護と補完的保護の違い――EUの場合

一時的保護も補完的保護も国際的に統一された基準は無く、各国とも様々な措置を講じている。本書でその全ての比較検討を行うことはできないが、EUの事例を用いて一時的保護と補完的保護の相違点をおさらいしたい。EU諸国は、多国間政府交渉を経て法的拘束力のある「指令群」を採択し国内法に反映させた上で実施しており、また少なくとも伝統的には国民国家を標榜している国が多いため、日本の庇護政策にも示唆に富むものと思われる。

まず、一時的保護と補完的保護が主に想定する対象者が異なる。一時保護指令が発動される要件は、あくまでも「特定の国や地域からの大量避難民の流入」であって、どのような理由で避難民が発生したかについて予め排他的な要件は無い。また、一時的保護は極めて簡素化された身元確認だけで対象者に集団的に付与されるが、その中には難民も含まれる可能性があるため、一時保護中に庇護申請することも妨げられない。

他方、補完的保護の対象者は、その出身国や地域は不問だが、補完的保護のみに直接申請することはできず、あくまでもいったんは難民認定申請してから、難民不認定判断が個々人について なされた後に補完的保護の対象者かどうかが初めて検討される(この点は二〇二三年一二月から導入された日本型補完的保護とは大きく異なる)。よって、多くの審査件数が滞留する危険もある。だからこそ、EUは数百万人のウクライナ人の流入が見込まれた際に、長年実施されてきた補完的保護に加えて一時的保護を発動したのである。

また一時的保護では、まだEUに入域していない外国籍者への査証発給などの入国許可手続きを簡素化すべしという規定があるため、まだEU域外にいる者も受益しうる措置である。その一方、補完的保護は、あくまでも何らかの形でEU加盟国のいずれかに既に物理的にいるEU域外出身者のみが対象である。

保護の期間については、EUの一時的保護は最長三年間であり、少なくとも三年後には庇護申請するか別の在留資格に変更しなければならない。ウクライナ(避)難民については、欧州委員会の移住内務局長によると、二〇二五年三月以降は庇護申請も可能ではあるが、もっぱら別の労働資格への変更が検討されているとのことであった。一方、補完的保護の期間は最短一年間(更新可)の在留資格が保障されており、庇護を求めるに至った本国事情が継続する限り同じ在留資格が上限無しに更新される。

対象者の権利や処遇、支援内容については、一時的保護対象者は少なくとも庇護申請者と同等ないし多少優遇され、かつ条約難民よりも少し限られた内容であるのが一般的ではあるが、詳細はEU加盟国政府に一定の裁量が認められているため、各国別に精査する必要がある。ただし就労については、一時的保護対象者よりもEU市民を優先して良い旨、一時保護指令に明記されている。他方、補完的保護対象者の諸権利は、前述の通り条約難民とほぼ同等程度に「資格指令」で定められてあり、最低基準についてはEU加盟国政府に裁量権はあまり無い。

上記以外にも技術的・法的に様々な差異があるが、一時的保護と補完的保護は(避)難民に対して、明確に異なる目的で異なる要件のもとに異なる処遇を与えるものである。そして、それらの異なる基準や差異には、一方で各国の国益を損ねないこと、つまり無制限に大風呂敷を広げず庇護行政の破綻を防ぐことを意識しつつ、他方で国際法・国内法双方の「法の支配」の下で保護を求める者に対してどこまで人道的な処遇を保障できるか、という国益と人道の間のギリギリのバランスが反映されている。

# 第三章　世界はいかに難民を受け入れているか
## ――その2「連れて来る方式」――

第二章では、世界が難民を「待ち受け方式」でどのように受け入れてきたかを概観した。本章ではそれとは全く異なり、まだ遠い外国にいる難民を選んで能動的・積極的に「連れて来る方式」について検討する。より具体的には、

①第三国定住
②難民以外の立場(例えば留学生、技能労働者、家族として)での受け入れ
③民間スポンサーシップ
④本国からの直接退避

に大別できる。「待ち受け方式」の方は、受入国側からすればある意味で「来てしまったから には仕方なく」法律に従って庇護申請を審査し、難民や難民に準ずる者と認められた者に在留資格を与えるものである。しかし、まだ遠い外国にいて少なくとも国際法上は受け入れ義務が

生じていない難民を、いったいなぜわざわざ連れて来るのか。その理由には、国益追求と人道主義の間のバランス感覚やせめぎ合いが如実に表れている。

## 第三国定住とは

一般的に、難民状態の恒久的解決には以下の三つの方策があるとされている。①本国での迫害のおそれが無くなったため難民が自発的に本国に帰還する、②自力でたどり着いた国(第一次庇護国と呼ばれる)で難民認定されてその国に定住する(第二章で述べた「待ち受け方式」がこれにあたる)、③最初に一時的に庇護された国から別の第三国に難民として受け入れられて定住する。この三番目の方法を「第三国定住」と呼ぶ。本国を第一国とし、第一次庇護国を第二国とし、最終的な定住地を第三国と考えるからである。既に触れた通り、世界における難民の約八割は常に「途上国」で庇護されており、負担の分担という意味でも「先進国」が「途上国」に滞在している難民をより積極的に連れて来て受け入れることが望ましい。しかし、例年多くても世界全体で一〇万人程度の難民しかこの第三国定住ルートで安住の地を得られていない。これは、毎年UNHCRが世界で第三国定住の必要がある難民として提示している人数の一〇%未満に過ぎず、第三国定住に選ばれることは「宝くじに当たるようなもの」と揶揄されるほどである。

そもそもこの第三国定住という解決策は国際法上の根拠が極めて弱い。上で挙げた三つの恒久的解決策のうち、①の本国への自発的帰還について言えば、「自国に帰る権利」は世界人権宣言第一三条2項や自由権規約第一二条4項で謳われているほど基本的人権として認識が広まっており、極めて特殊な事情を除いて一般的に人は国籍を有する国に帰ることが実際にも認められている。これは当然、迫害のおそれが無くなったと感じる難民にも認められており、本国政府にとっては難民が帰ってくるというのは「自国がまともな国になった」という国際的なイメージアップにも繋がるため、難民の帰還は歓迎される場合が多い。

次に、②の第一次庇護国での滞在・定住については、そもそも難民条約の締約国であれば少なくとも難民(と認められた人)に対して在留・定住を認める法的な義務がある。また、難民条約の締約国でなくても、既に管轄圏内に物理的にいる外国籍者については、難民ではないと判断されるまでは追い返してはならないというノン・ルフールマン原則があることは既に触れた。さらに、難民性がまだ確認されていない人や難民性が否定された非正規滞在者に対しても、その国の管轄圏内に物理的にいる限りにおいては、その国が締結している国際人権条約に従った基本的人権を保障する必要がある。例えば、裁判を受ける権利や拷問されない権利、(外国籍者間での)差別禁止原則などは、仮に非正規滞在者であっても犯罪者であっても何人に対しても不可侵の基本的人権である。この通り、本国への自発的帰還と第一次庇護国への定住という恒久的解決策については、国際難民法や国際人権法で規定された「国家と人」の間の権利・義務関係に大枠での礎があると言える。

ところが第三国定住については、国際法上の権利・義務関係で語ることは極めて困難である。まず、難民は比較的安全な第一次庇護国にいる限り、さらに別の国である第三国に入国する権利は無く、また第三国の政府から見れば、そのような難民に対して入国を認めなければならないという法的義務は無い。難民条約にも第三国定住(resettlement)という言葉は一度しか出て来ず、しかも他国への第三国定住が認められた難民の財産移転を認める(第三〇条)という主旨の技術的な文脈でしかない。確かにUNHCRの設立文書には、「UNHCRは本国への自発的帰還や第三国定住といった追加的活動にも、国連総会が定め、予算が許す範囲で関与する責務がある」という主旨の規定があり、また難民条約第三五条には、各国政府はUNHCRによる任務の遂行や条約履行監督業務に協力することを約束する旨の規定がある。しかし、「協力」の具体的内容は(定期的な情報開示以外には)定められていない。確かに条約の前文にも、難民保護は一部の国に過度の負担が偏ることがあるため難民問題に対応するには「国際協力」が不可欠であるという主旨の文言はあるが、多数の難民を抱える「途上国」への財政的支援でも構わないと解釈できなくもない。

したがって、遠い第三国の政府が、どの第一次庇護国にいる難民をどういった基準で何人くらいを積極的に受け入れるのかは、各国政府の自由裁量に委ねられているのが現状である。確かにＵＮＨＣＲによる推薦や進言はあり、特にＥＵ諸国間での政策協調はあるが、究極的な決定権限を持っているのは各主権国家である。「待ち受け方式」とは全く異なり、人数も受入国側が予め決めるため、英語では第三国定住難民のことを「クオータ難民」(quota refugees)と呼ぶこともある。なお、米国では難民(Refugee)と言えば第三国定住難民のことで、「待ち受け方式」で受け入れた人は被庇護者(Asylee)と呼ばれる。

国際法上の義務ではないにもかかわらず歴史的に見て、世界では折に触れて相当数の難民が実際に第三国定住で受け入れられてきた。例えば、第二次世界大戦直後の欧州に数千万人規模でいたとされるいわゆる戦争被災民や共産圏から逃れてきた政治的難民のうち、推定約二〇〇万人が第一章で触れた国際難民機関の船舶で、南北アメリカやオーストラリアに第三国定住していった。この背景には前述の通り、ナチスによるホロコーストを防げなかったという人道的な反省もあったが、同時に反共イデオロギーに基づく共産主義への対抗や、戦後復興に向けた労働力確保という国益に基づく計算も働いていた。また一九七五年以降のインドシナ難民危機では総計二五〇万人近いベトナム、ラオス、カンボジア出身の難民が、海路や陸路でいったん逃れた東南アジア諸国から、主に欧米諸国に第三国定住で受け入れられていった。当然米国にはベトナム戦争敗北の名誉挽回という観点もあったが、更なる共産主義の拡散を抑えたいという冷戦下での外交戦略と、石油シーレーンとして重要な役割を果たす南シナ海周辺の漂流民を狙った海賊対策・治安維持という経済的利害関係も働いていた。このように第二次世界大戦直後もインドシナ難民の際も、大規模な第三国定住政策の背後では、人道主義と同時に様々な国益に基づく計算が働いていた。

伝統的に多くの難民を第三国定住で受け入れてきたのは、米国、カナダ、オーストラリア、ニュージーランドといったいわゆる移民国家と、人道主義を誇る北欧諸国であった。特に米国はトランプ政権下を除けば第三国定住での世界最大の受入国であり、一九七五年から起算して三五〇〇万人以上の難民が米国に第三国定住している。特に二一世紀に入ってから第三国定住を実施する国は倍増し多様性も増し、二〇二三年末時点で日本や韓国、南米諸国を含む二〇カ国以上が継続的に実施している。日本の第三国定住政策については第四章で詳しく見るが、なぜ第三国定住政策を実施する国が増えているのかを論じる前提として、そもそも第三国定住とはどういう仕組みで難民を受け入れることなのか、その実務的運用を少し詳しく説明してみたい。なお、第三国定住にはUNHCRが関与するルートとほぼ関与しない各国独自のルートがあるが、ここではUNHCRが関与する仕組みのみに絞る。

## 第三国定住での受け入れの流れ

毎年ＵＮＨＣＲは世界における難民の状況に基づき第三国定住のニーズのある難民数を発表しており、二〇二二年は約一五〇万人、二〇二三年は約二〇〇万人、二〇二四年は約二四〇万人と推定している。原則としてＵＮＨＣＲは、以下の七つの要件の少なくとも一つに該当する難民を選抜し第三国定住実施政府に推薦する。①法的または身体的保護の必要性、②暴力や拷問の被害者、③医療措置の必要性、④リスクに晒された女性や女児、⑤家族統合の必要性、⑥リスクに晒された子どもや若者、⑦他の恒久的解決の見込みが欠如していること。

その一方で、各国政府は受け入れる難民についてＵＮＨＣＲに様々な要望を出しており、例えば家族構成、学歴、職歴、年齢、宗教、民族、性別、健康状態、言語能力、技能などの面で条件を設定している。ただし、受け入れ社会に馴染みやすいかという「社会統合の可能性」や受け入れ社会にとって「得になるか」だけでなく、例えば母子家庭であるとか、障碍や重病を抱えるといった「脆弱性」を要件にしている国もある。それを分類したのが図３-１であり、まさに国益と人道が交差しているのがわかる。まだ遠い外国にいる極めて脆弱な難民をなぜわざわざ呼び寄せて受け入れるのかについては、第六章で北欧諸国の事例を基により詳しく検討する。

当然ＵＮＨＣＲとしては各国政府に対し、より長く避難生活を強いられている、より脆弱な難民をより多く受け入れてくれるよう交渉する。しかし、受け入れ見込みが全く無い難民を推

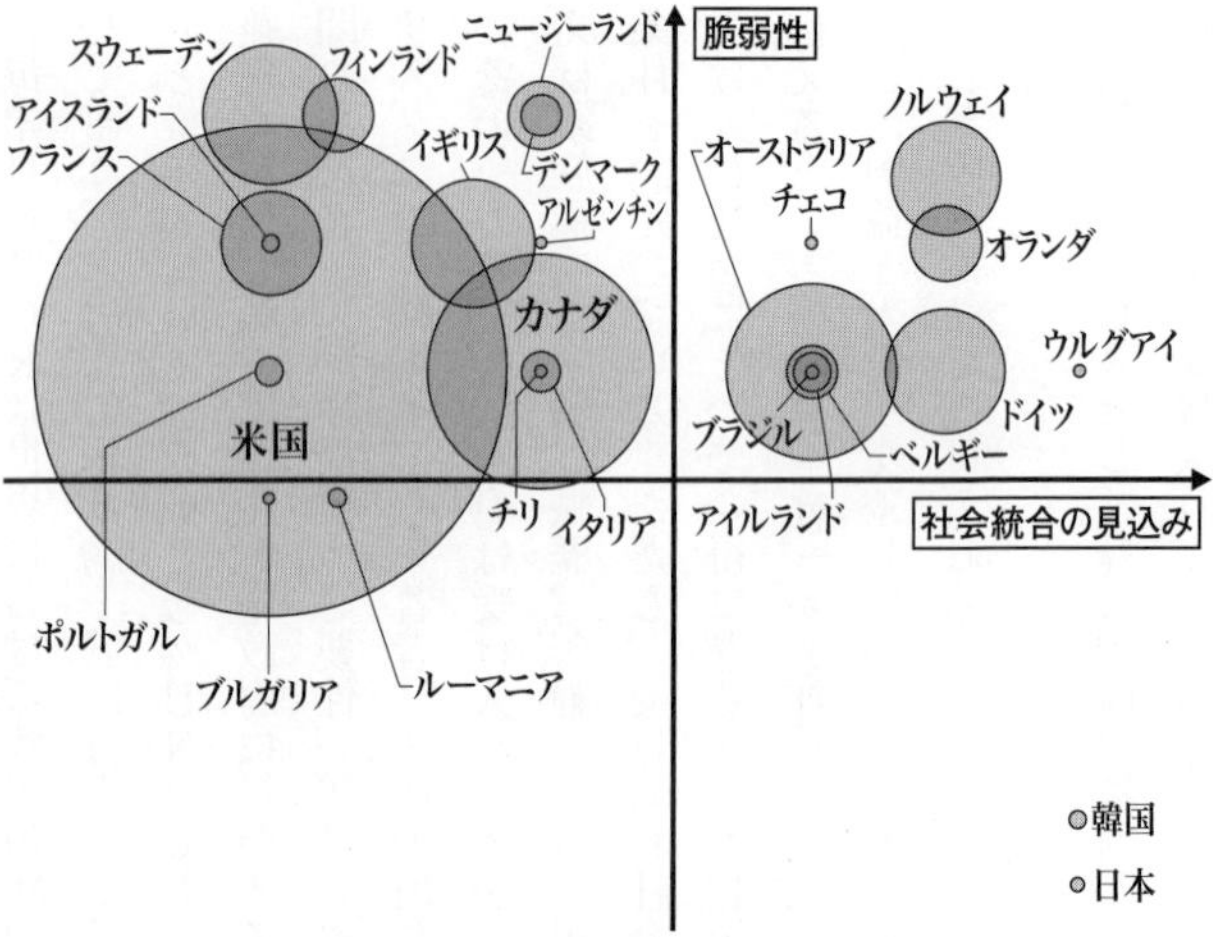


図 3-1　世界各国の第三国定住難民の選抜基準(2010-2022 年)

出典：UNHCR の第三国定住国別情報(および日韓における独自調査)により筆者作成．作図：前田茂実

注：図中のオーストラリアの部分は，一番外側のオーストラリアの輪に続いて，ベルギー，アイルランド，ブラジルの順番に小さくなる

薦しても全ての関係者にとって無駄になるため、各国政府が設定する人数枠や条件を踏まえつつ可能性のある難民一人一人のプロフィールを作成し各国政府に提出する。各国政府が通常は中央政府レベルでそのプロフィールを精査し、書類ベースで受け入れ見込みのある難民をある程度絞った上で、多くの場合政府職員からなる面接調査団を現在難民が滞在している第一次庇護国に派遣し、受け入れ候補となった難民一人一人と直接面接を行う。国によっては、面接調査団に受け入れ自治体や受け入

れ後の支援に携わるＮＧＯの代表が入っていることもある。この面接においてどのような質問をして、どのような方法でどのような難民を選抜するのか、ここに各国政府が第三国定住で難民を受け入れる理由が如実に現れる。

書類審査や面接調査を踏まえた上で、各国政府が受け入れ対象難民の内定リストを作成し、それに基づきＩＯＭの医師や看護師が健康診断や予防接種を行う。受入国政府によっては家族関係を証明させるためＤＮＡ検査を課す国もあるが、養子も当然家族に入る。どこまでを「家族」と見なすかの基準も各国で千差万別であるが、配偶者(一名)と未成年で未婚の子までは通常は家族の範囲内である。健康診断の結果、例えば感染症に罹患していることが判明した難民は一般旅客機で渡航できないため、治療が終わるまでは渡航が延期される。また受入国側で十分に対応できないような複雑な身体的・精神的事情を抱えたような難民も、受け入れ態勢が整うまで渡航時期が遅れる場合がある。

上記の準備に加えて受入国によっては、まだ第一次庇護国において第三国定住が内定した難民に対して、受入国・地域の公用語習得のための語学研修や文化オリエンテーション、渡航前研修を実施する場合もある。例えば日本政府は特にこれらの渡航前準備を重視しており、具体的内容は第四章で説明する。こうした準備を全てクリアした難民に対して、受入国政府・ＵＮＨＣＲ・ＩＯＭが調整して旅程が決められ、通常は一般旅客機を利用して難民は渡航する。もし

**図3-2**　IOMバッグを持って第三国定住するシリア難民
出典：国際移住機関提供（© IOM 2020）

空港内などで「ＩＯＭ」と青字で書かれた白くて大きなビニール袋をぶら下げた人を見かけたら、第三国定住難民である可能性が高い（図3-2）。その袋の中には、個々の難民の身分証明書、渡航文書、健康診断の結果、受け入れ自治体・支援組織の情報など、難民が第三国定住する上で非常に重要となる文書が入っている。難民の多くが出身国発行の身分証明書やパスポートを持たないが、第一次庇護国政府やＵＮＨＣＲによる登録情報に基づいて受入国政府（多くの場合、第一次庇護国にある現地大使館）が臨時渡航文書を発給する。また通常、渡航費用は全面的に受入国政府が負担するが、受け入れ数が断トツで多い米国政府だけは、飛行機チケット料金を「無利子ローン」扱いにしており、難民本人が自立し次第ＩＯＭを介して米国政府に対して弁済することになっている。その理由は、弁済費に基づいて他の難民が将来的に渡航できる費用を賄うためとなっており、九割方の難民が全額弁済している。

予め調整された通りに難民が到着すると、空港内で受け入れ側の自治体職員やＮＧＯが出迎え、到着時あるいはその後直ちに定住者や永住者としての在留資格が与えられる。国によっては、到着後に別途庇護申請を課す場合もあるが、それはあくまでも名目上の手続きに過ぎず、通常はＵＮＨＣＲが第三国定住難民として推薦した段階で「難民認定作業は済んでいる」と解されている。要するにＵＮＨＣＲが誰を難民として認定しどの難民をどの国の第三国定住プログラムに推薦するかで、その難民の人生が劇的に一変するのである。感覚的に表現するなら、「ソマリア人がスウェーデン人に、アフガニスタン人がアメリカ人になる」、つまり「生まれの偶然性」を乗り越えるためのチケットが第三国定住である。なかには第三国定住だけを夢みて長年キャンプ生活を送る難民もおり、また第三国定住に選ばれやすくなるために絶望的な状況の中で自傷行為に及んでしまうような事例も報告されている。その一方で、遠方の見知らぬ国に移住など絶対にしたくない高齢の難民を抱えた家族は一族離散の判断を迫られる場合もあり、倫理的に難しい側面も含んでいる。

受け入れ地域に到着した後は、多くの場合すぐに自治体やＮＧＯなどが準備した住居に入居し、定住に向けた様々な手続きと研修が開始される。国によっては到着直後の一定期間は集合的な研修施設で生活し、そこで種々の行政手続きや再度の健康診断、生活ガイダンス、語学研修などを受ける場合もある。これが「定住支援プログラム」(の一部)であり、通常は第二章で触れた条約難民も同じプログラムを受ける権利がある。ただし定住支援プログラムの実施形態や実施団体、期間、経費負担の仕方は各国さまざまで、例えば米国は原則的に当初三カ月間しか連邦政府の特別予算が充当されておらず、その後難民は自活に向けて必死で職探しをしなければならない。一方で北欧諸国などは到着後三年程度、原則的に国や自治体が生活を保障するような場合もある。いずれにせよ、受入国に到着した後は、条約難民とほぼ同じ権利が認められ、帰化や市民権の取得要件も条約難民と同様に、他の一般的な移民よりも緩和されるのが通常である。

以上が第三国定住で難民を受け入れる場合の標準手続きといえるが、一部を削ったり、またUNHCRの推薦ではなく現地大使館やNGOによる審査を優先させる国もあり、国によって受け入れプロセスは多種多様である。例えば米国は第三国定住の候補となった難民一人一人のセキュリティー・チェックを複数の省庁が何重にも行うため、推薦から到着まで二年近くかかる。一方、北欧諸国などは「緊急受け入れ」枠を設けており、UNHCRが作成した書類ベースだけで受け入れの可否を決め、最短四八時間から最長一週間で受け入れ許可を出すケースもある。第三国定住難民は通常、永住を前提として受け入れられるため緊急受け入れ数は限られるが、第一次庇護国において本当に危険が差し迫っている難民にとっては命綱である。

## 「連れて来る方式」と「待ち受け方式」との違い

第三国定住を実施する国の数は二一世紀に入りほぼ倍増し、毎年設定する受け入れ枠を増加させる政府もある。ではなぜ、国際法上は義務の無い「連れて来る方式」でわざわざ難民を受け入れるのか。第二章で見た「待ち受け方式」と対比させると、その理由が浮かび上がってくる。結論から言えば、受入国政府にとって都合が良くかつ人道的だからである。

まず、「待ち受け方式」で到着した人は、真の難民である可能性もあるが、難民ではない場合もあるし、移住労働者や(第五章でみる通り極めて低い可能性ではあるが)犯罪者であるおそれもあり、受入国の当局からすれば到着時にはどこの誰だかわからない。ただしいったん管轄圏内に入って庇護申請すれば、「難民ではない」あるいは「難民としての保護を受ける資格が無い」と判明するまでは、絶対に本国に追い返してはならない(第二章で見た「ノン・ルフールマン原則」)。さらに、ある年にどこから何人の庇護申請者がやって来るのか受入国当局は予測不可能であり、逆に到着数や庇護申請者数を恣意的に操作してはならない。したがって、前年までは庇護申請者数は数万人規模だったのに、ドイツのように二〇一五年に突然八九万人とか、米国のように二〇二二年に前年比で突然四倍近い七三万人などに急増する場合もある。その一方で第三国定住難民については、到着以前に国際機関や公的機関が作成した難民一人一人の細かいプロフィールが受入国政府に共有されている。受入国政府は書類・面接・健康診断に基づいて場合によっては到着を遅らせる(あるいは受け入れを拒否する)こともできるため、受入国政府が入国と在留を予め許可した難民しか第三国定住しない。毎年の第三国定住難民の上限や目標数は、各国の議会などで予め正式に承認されており、通常はその数値から大きくずれることはない。

また「待ち受け方式」で他国への入国を試みる庇護申請者に対して、合法的に入国できるような査証を発給する国は世界的にも大変限られており、だからこそ庇護申請者は多くの場合、非正規かつ危険な逃避行を試みざるを得ない。地中海などで今にも沈みそうな小型船に数百人がひしめき合っている様子が時々報道されるが、自分や家族の命を救う方法がそれ以外に無いからそうせざるを得ないのである。ただし中には密航業者に暴行されたり海に投げ出されたり殺されたりするケースも珍しくない。地中海は「欧州の墓場」とまで揶揄されるほどになった。その一方、第三国定住プロセスは上述の通り、第一次庇護国からの出国も第三国定住国への入国も全て合法的に極めて秩序だって行われる。

「待ち受け方式」の場合、自力で他国にたどり着き命からがら入国した庇護申請者は、言語も何もわからない国における庇護申請手続きをどうしたらよいのか調べ、弁護士やNGOなどによる支援にたどり着けない場合は自力で申請書を書き、なんとか自分が難民であることを立証しなければならない。受入国政府は、難民認定制度の濫用・誤用や危険人物の入国を防ぐために各国間で程度の差こそあれ厳正に審査しており、庇護申請者と審査側政府はある程度緊張関係にならざるを得ない。また庇護申請中の法的地位や衣食住の権利は不安定で、「先進国」

であっても野宿を強いられる庇護申請者も珍しくない。大量の審査案件が溜まっている国の場合、何年間もそのような劣悪な生活を余儀なくされる庇護申請者もいる。庇護申請が行政手続き内ですんなり通ればまだ良いが、裁判にもつれ込んだ場合には庇護申請者および審査当局の双方にとって、膨大な時間と労力とお金がかかることになる。当初の申請から最終的に認定を勝ち取るまで一〇年近くかかるケースも、世界的に見て珍しくない。例えば米国は、二〇二三年末時点で三〇〇万件に及ぶ庇護関連司法案件を抱えている(シラキュース大学調べ)。

他方で第三国定住の場合、第一次庇護国でUNHCRが行った難民登録をもって実質的な難民認定作業は既に済んでいるとみなす受入国がほとんどであり、第三国定住難民と受入国政府の間で難民性に関する法廷闘争が繰り広げられることは極めて稀である。むしろ受入国政府としては、第三国定住難民には早く受入国の言語や文化に慣れて就学・就労し、自立した市民として受入国に貢献してほしいため、到着直後からしっかりした支援策を提供することが通常である。第六章でみる通り、極めて脆弱な難民をわざわざ選んで第三国定住で受け入れる場合、社会保障制度の受益者になることが見込まれるため受け入れ社会にとってはかなりの財政負担になることはあるが、それでもどのような脆弱な難民をどの年に何名、どのくらいの負担になるかを予め計算した上で受け入れるため、政府にとっては秩序だった予算措置を講じやすい。

最後に政治的コストという意味では、「待ち受け方式」でやって来た庇護申請者を条約難民として認定することは出身国政府の人権施策や統治能力の批判になるため、二国間外交関係において微妙な意味合いが出かねない。だからこそ冷戦時代には西側諸国は共産圏から逃れてきた人をほぼ無条件で難民として積極的に受け入れていたのであり、現在も軍政を逃れたミャンマー人の民主化活動家や、タリバンを逃れた女性や女児、反戦派・反プーチン派ロシア人の多くが難民認定されるのは、そのためである。日本政府がクルド人の難民認定に極めて慎重であるのも、伝統的にトルコ政府が親日的であることと完全に無縁ではあるまい。他方で第三国定住の場合、出身国政府と受入国の間には、第一次庇護国とUNHCRがある意味で「緩衝地帯」として存在しており、受入国政府としては、「出身国政府を批判する意図は無いが、あくまでも第一次庇護国の負担を分担して欲しいとUNHCRから頼まれたから受け入れるだけ」と、外交摩擦をある程度回避することができる。

## 「待ち受け方式」と交換にされる第三国定住

「待ち受け方式」と比較すると、第三国定住は難民の選定から定住プロセスまで、受入国政府が主導権を握って秩序だって実施することができるため、受け入れ側にとっては「都合が良い」制度である。しかも、非正規の決死の逃避行というリスクを冒せないような乳幼児、高齢者、妊婦、身体障碍者、重病人である難民も第三国定住対象者に選ばれる可能性が大いにあるため、「人道的」であるとも言える。ある意味で、国益と人道の両方を一度に効率よく満たせる受け入れ方法が、第三国定住と言える。このような特徴を持つために、第三国定住は「先進国」政府によって「待ち受け方式」よりも好まれる傾向が近年強まっている。第三国定住の受け入れ人数が増えること自体は良いことだが、その副次的弊害として、第三国定住での難民受け入れを優先・拡大する代わりに「待ち受け方式」での受け入れ方針を厳しくするという傾向が近年世界各地で見られ、懸念の一つである。

その最たる例の一つが、二〇一六年三月一八日に発表された「ＥＵ＝トルコ声明」である。これは「シリア難民危機」の際に、トルコからギリシアに向かって海路でＥＵ入域を試みるボートピープルが後を絶たなかったため、ＥＵからトルコに対する六〇億ユーロの経済協力などをパッケージの一部としてＥＵとトルコ政府が合意した取り決めである。本項に直結する部分だけ簡潔に述べれば、トルコを通ってギリシアに非正規に漂着した庇護申請者（大多数は中東・アフリカ出身者）のうち、庇護申請の内容が受理に値しない者や明らかに根拠の無い者、またギリシアで庇護を求めない者は（トルコ出身者以外）全員トルコに送還する、そして一人トルコに送還される代わりに、トルコに留まっていて既にＵＮＨＣＲによって難民と認められた者を一人ＥＵ圏内に第三国定住手続きで受け入れる、というのが主な内容であった。実際には（一対一ではなく）、その後四年間で二七三五人がギリシアからトルコに送還され、その代わりに約二万七〇〇〇人のシリア人がＥＵ諸国に第三国定住したと報告されている。そもそも庇護申請者と第三国定住難民との「人身交換」が、本来の難民保護の趣旨に合致しているのか、またギリシアから送還される庇護申請者にとってトルコが「安全な国」なのか、今日まで大いに議論を呼んでいる。その一方で、二〇一六年三月以降、少なくともトルコからギリシアに向かってＥＵ入域を試みるボートピープルの数が激減したのも事実である。

また日本ではほぼ報道されていないが、このＥＵ＝トルコ声明と似たロジックで実施されたのが、米国政府とオーストラリア政府間の「難民交換」である。大枠だけ言えば、二〇一六年にオバマ大統領とターンブル首相の間で、①米国政府のアレンジの下でコスタリカに留め置かれている中南米諸国出身の庇護申請者のうち一定数を、オーストラリアが第三国定住として受け入れる、②その代わりに、豪政府のアレンジの下でナウルとマヌス島（パプアニューギニア領）に留め置かれている主に中東・アジア出身の庇護申請者のうち難民と認められた者一二五〇人を、米国が第三国定住で受け入れる、という取引であった。その後両国の首脳が交代し米国のトランプ大統領は当初、上記の取引を反故にしようとしたが、最終的にはトランプ政権下とモリソン政権以降、実際に一〇〇〇人以上が米国に「難民交換」された（ただしオーストラリア側の受け入れ数は未公表）。

さらに近年注目を集めている「イギリス＝ルワンダ覚書」にも、実は第三国定住に関する条項が含まれている。これは二〇二二年四月にルワンダの首都キガリで両国の閣僚によって交わされた外交文書で、他の欧州諸国(フランス、ベルギー、オランダなど)を経由してイギリス海峡を通過して非正規にイギリスに入国した者にはイギリスでの庇護申請権を認めず、一定の条件(例えばルワンダ出身者でない、未成年でないなど)の下で原則的にルワンダに移送する、というのがその主な内容である。覚書の第一六条には、ルワンダにいる難民のうち特に脆弱な者をイギリスに第三国定住で受け入れるという条項も含まれているが、詳細については当初からイギリス政府によって公表されておらず、在イギリスUNHCR事務所も承知していないとのことであった。この移送協定は、イギリス＝ルワンダ間の経済協力関係という体裁の下で締結され、既にイギリス政府はルワンダ政府に二億四〇〇〇万ポンドを支払い済みである。ただし、この協定が欧州人権条約に抵触するのではないかとの疑義が上がり、二〇二三年一一月に最高裁はこの覚書を「違法」と判断、詳細は割愛するが、二〇二四年四月、種々の国際法上の義務を反故にするための別の法律が大論争の末にイギリス議会で可決・成立した。

では、EUやイギリスはなぜ上記のような巨額の公金を支払ってまで「難民交換」という手段に出るのか。第一には、自発的にかつ非正規に入国して庇護申請する人の数を減らしたいという狙いがある。要するに「不法入国しても、オーストラリアやイギリスに定住することはできないので、無駄ですよ」というメッセージを潜在的な庇護申請者に出すという意図がある。

そのため移送・転送政策は、「密航業者のビジネスモデルを破壊し、庇護申請者の命が危険にさらされることを防ぐ」という名目が表向きは強調される。確かにオーストラリア政府が、ボートピープルをナウルとパプアニューギニアに転送するという国際法違反の可能性がある極端な手段を開始して以来、オーストラリア領海への漂着は激減し、現在ではほぼゼロになっており、それを「成功」とする向きも一部にはある。しかし、イギリス＝ルワンダ覚書については当初の発表後にもイギリスを目指すボートピープルは増加し、密入国防止策としての効果は未知数である。と同時に、もしボートピープルを他国に移送・転送しただけでは単に「その国が非人道的である」という評価で終わってしまうため、そのようなそしりを免れるために、第一次庇護国で「おとなしく順番を待っていた」難民を第三国定住で受け入れるという要素もパッケージに入れる、という算段が見て取れる。一言で言えば、厳格な国境管理という国益と、脆弱な難民受け入れという人道が、複雑にねじれた政策である。

「難民交換」は、個々の庇護申請者の主体性を大きく損ない、「庇護を求める権利」の抵触に繋がるおそれがある。その一方、上記の通り受け入れ側にとっての難民受け入れ数自体は減らないため、難民受け入れ推進派からも排斥論者からも多くの賛否両論を集めている。と同時に、第三国定住は極めて脆弱な難民で、自力では遠方まで渡航できないような者にも「先進国」での生活の方途を開くものであるため、世界的に大きく拡充されることが望まれることも間違いない。世界的難民法学者のJ・ハサウェイも従来から、「待ち受け方式」を中心とした国際庇護体制から第三国定住主導型の体制に転換すべきとの主張を続けている。

### 難民以外の立場での受け入れ

第三国定住は、原則的にUNHCRやその他の公的機関によって既に難民として認められた者を、条約難民あるいは難民に準ずる者として定住・永住を前提として連れて来るものである。同じ「連れて来る方式」でもこれと似て非なるのが、難民や難民となる可能性がある人を難民としてではなく、留学生や技能労働者あるいは(既に渡航先に親族がいる者の)家族として呼び寄せる方法である。その対象者は、まだ出身国に留まっている人であることもあれば、既に出身国を逃れて第一次庇護国で避難生活を送っている人の場合もある。この措置は特に「シリア難民危機」以降に世界的に急速に注目を集め始め、英語では一般的にComplementary pathwaysと呼ばれている。ただし、これをそのまま日本語に訳すと第二章で見た「補完的保護」と混同されるおそれがあるため、本書では便宜上「難民以外の立場での受け入れ」とする。

既に第一章で見た通り、本国で迫害のおそれがある人が全員必ずしも難民として本国を出国し他国に移住しなければならないというルールは無い。また、そもそも「難民ビザ」に相当するようなものは世界で極めて例外的な場合を除いて存在しないため、特に「待ち受け方式」で庇護を求める場合「難民としての移動」には様々な困難が伴う。よって歴史的にも今日も、庇護申請したら条約難民として認められるような事情のある人々の多くが、難民としてではなく、例えば投資家、留学生、技能労働者、家族呼び寄せなどの形で他国に移住し、庇護申請や難民認定を経ないで、他国で中長期に通常の移民として生活していることが推察される。ただし、世界の移民のうちどのくらいがこのケースに当てはまるかは統計に表れないため具体的数値は不明である。

では昨今注目を集めている「難民以外の立場での受け入れ」の何が新しいのかと言えば、そのような受け入れ方が「良いことである」という認識が国際的に広まっていることと、そして他の難民受け入れ方式に比べて数が大きく伸びていることの二点が挙げられる。まず国際的な認識については、二〇一六年九月に各国首脳レベルが一堂に会して開催された国連総会ハイレベル本会議の場で採択された「難民と移民のためのニューヨーク宣言」、その付属文書である「包括的な難民対応枠組」、また二〇一八年一二月に採択された「難民に関するグローバル・コンパクト」においても、このような「難民以外の立場での受け入れ」の意義とそれを拡張することの重要性が異口同音に強調された。これらの文書の交渉・実施過程でUNHCRはこのような受け入れ方を積極的に推進し、「先進国」も前向きかつ大規模にその呼びかけに応えている。例えば二〇二三年一二月にジュネーヴで開催され日本政府が共同議長を務めた「第二回グローバル難民フォーラム」での主要な議題の一つは、この「難民以外の立場での受け入れ」施策についてであった。

その規模と数については、過去数年OECDとUNHCRが協働で「難民のための安全な避難路」(Safe Pathways for Refugees)という年次報告書を発行している。それによると、二〇一〇年から二〇二一年の間にOECD各国およびブラジルが、主な(避)難民出身国であるアフガニスタン、イラク、イラン、エリトリア、シリア、ソマリア、ベネズエラの七カ国出身者に発給した、家族、労働移住者、あるいは留学生・就学生としての移住・滞在許可証の総数は、一八八万件に上っている。実はこの数は、同じ期間に同じ諸国が同じ出身国の(避)難民に出した条約難民認定(約二〇三万人)に迫り、補完的保護(約一〇二万人)、または第三国定住(約六三万人)のいずれの数も大きく上回っている(図3-3)。要するに、この「難民以外の立場での受け入れ」は、その英語名称が示す通り本来は難民としての受け入れの補完的・補助的措置であるはずが、少なくとも上記七カ国出身者に関する数だけ見れば主要な受け入れ策となっているのである。

本来難民である人を別の立場で受け入れることは手放しで歓迎すべき「良いこと」なのだろうか。確かに、難民はそもそも「エリート」である場合が多く(第五章参照)、避難生活が長引くことで勉学が長期にわたって中断されたり、その高度なスキルが無駄にされることは誰にと

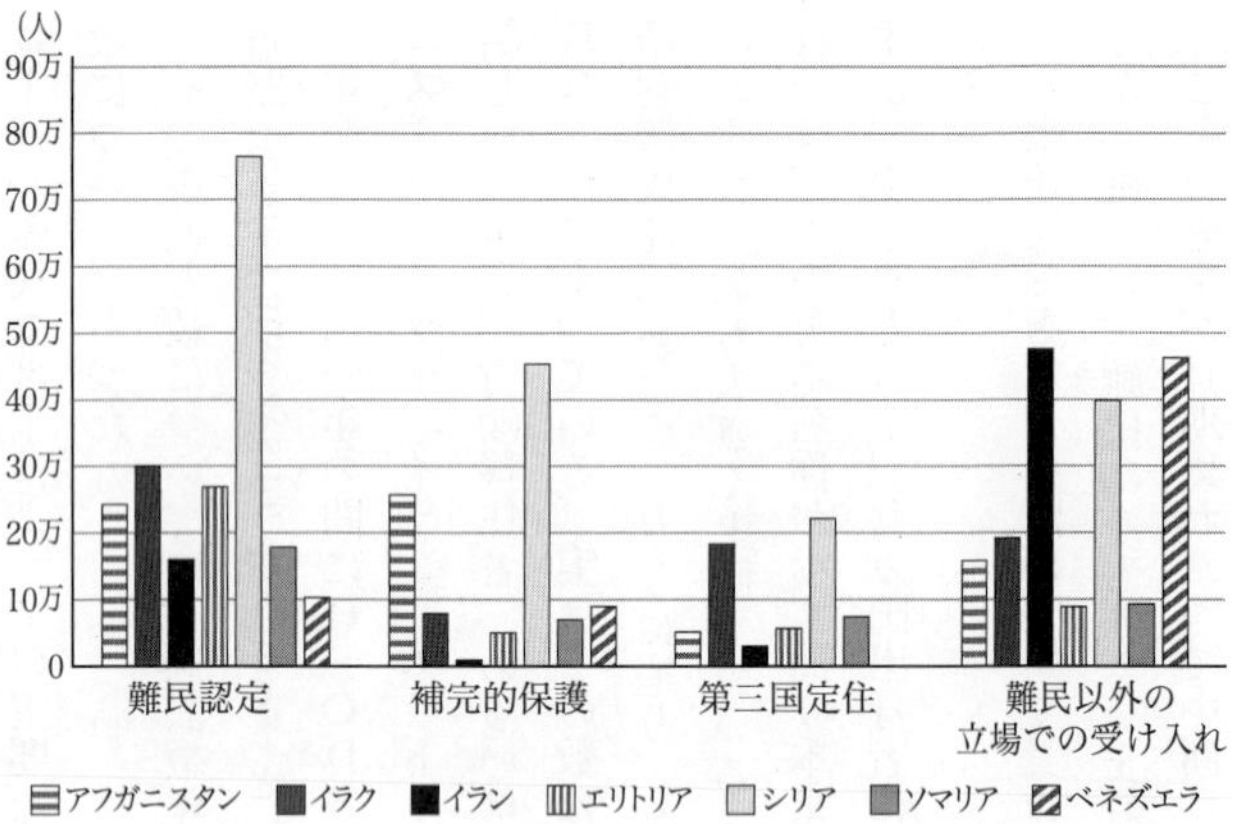


**図 3-3**　OECD各国およびブラジルによる，主な7カ国出身の(避)難民に対する「難民以外の立場での受け入れ」(2010-2021年)

出典：*Safe Pathways for Refugees III: OECD-UNHCR study on pathways used by refugees*, 2023より筆者作成．作図＝前田茂実

っても不幸である。多くの(避)難民が非常事態時に容易にたどり着いて入国許可されるのは隣国であり、その多くは「途上国」であるため教育制度が充実しているとは言い難く、優秀な難民が遠い「先進国」の高等教育をタイムリーに受けられることは確かに「良いこと」である。また、「先進国」の多くは少子高齢化と地元住民による職業選択が進み、一部の産業、主に農林水産業や建設、介護・看護などの分野では慢性的な人手不足に悩まされている。そのような業種でのスキルや資格・経験を持つ(避)難民に労働ビザのような渡航許可がタイムリーに出されることは、本人にとっても受け入れ側にとっても「ウィン・ウィン」であると

いう実利的見方もあろう。

しかし、留学生としての受け入れは、難民性の要件に加えて「一定の教育を既に受けている」とか「受け入れ社会の言語を既にある程度話せる」という条件をさらに付加することを意味しており、難民間でのエリート優遇主義に拍車をかける。また、優秀な留学生が増えることは、むしろ受け入れ側教育機関にとってもそこで学ぶ現地の学生にとっても良い影響を与える。同様に、受け入れ社会に有用なスキルを持つ難民を選んで雇用許可を出すことは、難民側のニーズではなくあくまでも受け入れ側の利益を優先させる行為である。実はコロナ禍では、カナダでも「医療関連の資格や経験を持つ庇護申請者は優先的に審査をするか、別の在留資格を即座に与えてカナダでの医療にすぐに従事してもらうべきではないか」という提案まで一時出た。しかし、これはあたかも「差し迫った迫害のおそれがある難民よりも、受け入れ社会にとって有用な人を優先すべき」と主張しているかのようであり、難民保護のロジックを歪曲させることに繋がりかねず、同提案は(少なくとも公的言論空間からは)すぐに消滅した。

さらに、家族呼び寄せについては、「難民以外の立場での受け入れ」策のうち桁違いの多さになっている。当然、家族が一緒に住めることは国際人権法でも謳われた基本的人権の一つであり、尊重されなければならない。しかし家族呼び寄せでは、受入国側で経済的にある程度安定した身元保証人となりうる親族が既に正規に居住していることが要件となることが多く、受入国政府の負担軽減という損得勘定も垣間見られる。さらに穿った見方をすれば、家族とは同じ民族や宗教的背景を持つことが一般的には多いため、作為・不作為は別として、特定の民族や宗教の優先、裏を返せば別の民族や宗教の排除に繋がりかねない。

要するに「難民以外の立場での受け入れ」は、本国で迫害のおそれがあるという難民性の要件に加えてさらに、教育を受けている、スキルがある、渡航先に既に家族がいるという条件を「上乗せ」する施策である。それぞれに上記のような功罪両面があり、全面賛成するのも全面反対するのも難しい。一方で難民受け入れの本来のロジックに与える弊害をいかに最小限に収めつつ、他方で柔軟かつ現実的な対応を推進するのか、つまりどのように人道と国益のバランスを取るのか、絶妙なかじ取りが求められる。

## 民間スポンサーシップ

「難民以外の立場での受け入れ」と並んで、近年特に国際的に注目を集めている受け入れ方が「民間スポンサーシップ」(private sponsorship)である。難民の受け入れは通常は政府主導で行われるが、民間スポンサーシップでは、対象となる難民の選抜から定住までのプロセスにおいて、ほぼ全てないし一部の責務を民間団体や個人が請け負う。ヨーロッパでは「コミュニテイー・スポンサーシップ」と呼ばれることもあり、その内容も詳しく見れば国ごとに多様である。前項で触れたOECDとUNHCRの報告書によれば、二〇一〇年から二〇二一年の間に約一五万人のアフガニスタン、イラク、イラン、エリトリア、シリア、ソマリア、ベネズエラ出身者がOECD諸国ないしブラジルに、民間スポンサーシップ(あるいはその類似措置)で受け入れられている。ここでは紙幅の関係上、民間スポンサーシップの最も老舗であり受け入れ数も多いカナダの事例に特化して見ていきたい。

カナダは世界でも最も古くから第三国定住を行っている国の一つで、その年間受け入れ数も世界第一位・二位を争う国であり、その「連れて来る方式」は以下三つのプログラムに大別できる。

①古典的な政府主導プログラム(Government Assisted Refugee (GAR) Program)
②民間スポンサープログラム(Privately Sponsored Refugee (PSR) Program)
③官民ハイブリッド・プログラム(Blended Visa Office-Referred (BVOR) Program)

それぞれについて、どの難民を第三国定住で受け入れるかの指名権を誰が持つかと、受け入れ後の定住支援の責任を誰が持つかを整理したのが表3-1である。

このうち①の政府主導プログラムについては既に見た第三国定住の基本パターンと同じである。しかし②のプログラムでは、民間スポンサーはどの難民を受け入れるかの個人の特定から、

表3-1　カナダにおける第三国定住

| プログラム名 | 開始時期 | 難民指名権限者 | 定住支援の責任者 |
|---|---|---|---|
| ①政府主導 (GAR) | 1959年 | UNHCRまたは類似の公的機関 | カナダ政府（連邦政府と自治体） |
| ②民間スポンサー (PSR) | 1976年 | 民間スポンサー | 民間スポンサー |
| ③官民ハイブリッド (BVOR) | 2013年 | UNHCRまたは類似の公的機関 | カナダ政府および民間スポンサー |

出典：筆者作成

カナダ政府への推薦、（カナダ政府による難民性の確認や人定事項、犯罪歴などの審査を経て）入国直後一年間の生活や定住支援にいたるまでの権利と義務を持ち、入国許可以外の全ての責任を民間団体・民間人が負うことが特筆に値する。カナダの民間スポンサーシップは一九七六年、つまりインドシナ難民対応時に政府による呼びかけで正式に始まり、保守系ハーパー政権下（二〇〇六年から二〇一五年）で下火となったが、二〇一五年のリベラル系トゥルドー政権の成立と「シリア難民危機」を経て、二〇一九年までで三六万人以上の難民が民間スポンサーの支援を受けてきた。とりわけ、図3-4に見る通り、一九八九年から一九九三年の間、そして二〇一三年以降の累計では政府主導プログラムを上回る数の難民を民間スポンサーが受け入れている。なお、③の官民ハイブリッド型は、政府が選抜し受け入れを決定した難民がカナダに入国した後で、当初一年間の定住支援の責任を負う民間スポンサーを政府が募るものであるが、図3-4の通りスポンサーがつくケースは限られている。その理由は以下で説明するが、本項では、カ

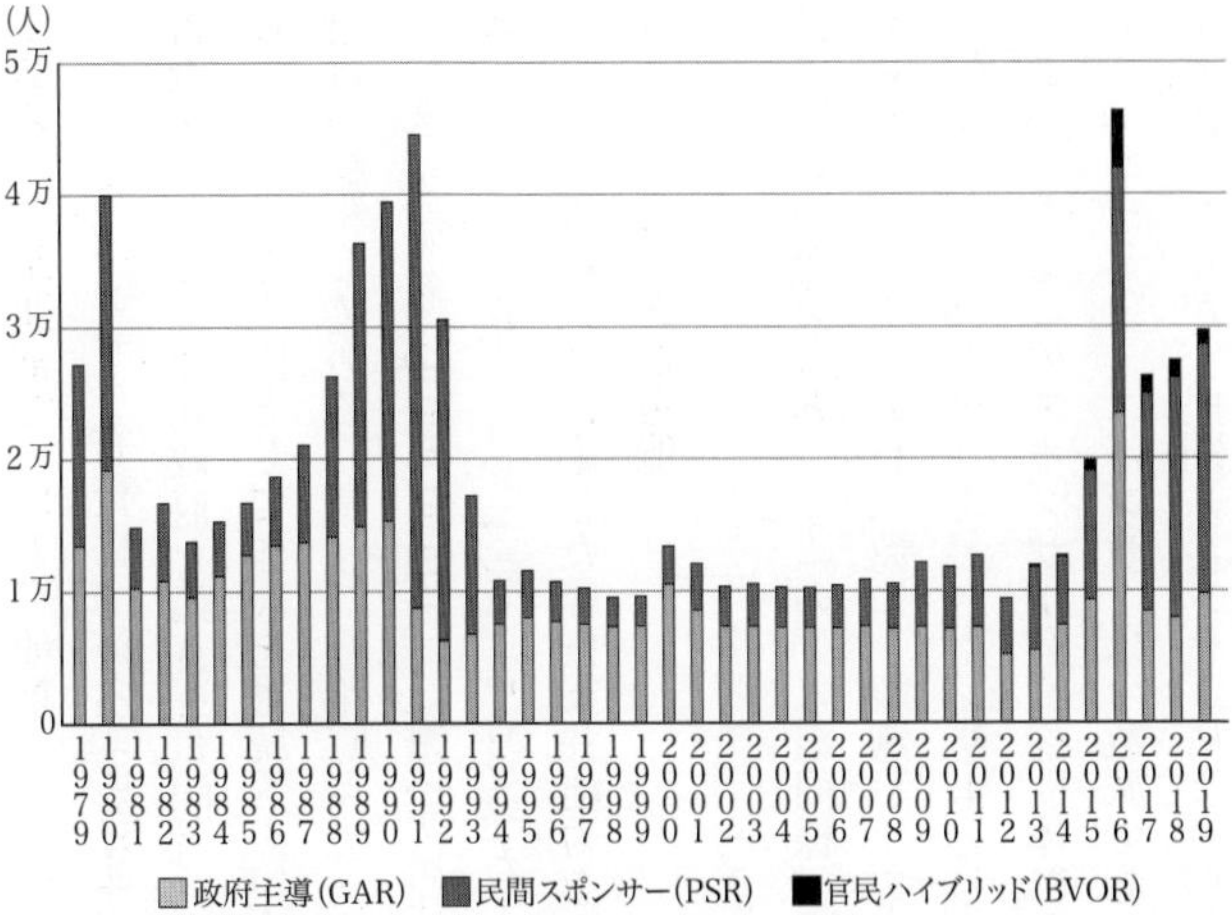


**図 3-4**　カナダにおける政府主導，民間スポンサー，官民ハイブリッドでの難民受け入れ(1979-2019 年)

出典：Ian Van Haren, 'Canada's Private Sponsorship Model Represents a Complementary Pathway for Refugee Resettlement', 2021. 作図＝前田茂実

ナダの難民受け入れで中心的役割を果たしてきた②の民間スポンサーシップに焦点を当てる(ただしケベック州は別途基準を設けている点が多く、以下は必ずしも当てはまらない)。

民間スポンサーは自らが指名して政府に入国許可された難民について、空港出迎えから、滞在先への移動、衣食住の確保・提供、種々の行政手続き、学齢期の子どもの就学、語学習得、職探しまで、生活面全てにおける金銭的・物理的・精神的サポートの責任を当初一年間は請け負う。当然のことながらとてつもない重責であり、一個人では不可能なため、民間スポンサーは団体や個人の集団であることが通常で、以下三種類に分類できる。

（ア）スポンサー有資格団体（Sponsorship Agreement Holder）法人格を持つ団体が一定の審査を経た後で連邦政府と最長五年間有効（更新可）な契約を結び、毎年政府が設定する一定受け入れ人数を上限として難民を継続的・恒常的に受け入れる。伝統的には宗教団体が多いが最近は多様化している。二〇二一年時点で一〇〇以上の有資格団体がある

（イ）五人組（Group of Five）難民が居住予定の地域に住む私人（カナダ国籍か永住権を持つ成人）が五人以上集まり、一定の審査を経た上で、受け入れたい難民を特定してカナダ政府に申請。受け入れ人数に応じた経費支弁能力を事前に証明できる限りは、人数の上限無しにスポンサーになることが可能

（ウ）コミュニティー・スポンサー（Community Sponsor）必ずしも法人格を有していない任意団体や企業など。（イ）の五人組同様、受け入れ難民人数に応じた経費支弁能力の証明を求められるが、受け入れ人数に上限無し。（ア）のスポンサー有資格団体で受け入れ上限に達した団体が、コミュニティー・スポンサーとしてさらに受け入れることもある

このうち（ア）のスポンサー有資格団体によるスポンサーシップが圧倒的大多数を占めており、コミュニティー・スポンサーは少数派である。なお、入国後二年目からの財政的支援は自治体主導にはなるが、民間スポンサーによる精神的サポートは継続的に必要とされる。

では、なぜそこまでして金銭的・精神的・時間的負担を民間団体や個人の集団が敢えて自発的に請け負うのだろうか。カナダ・ヨーク大学難民研究所前所長のJ・ハインマン教授らの最近の研究によると、その主な理由は、①正義感や信念、世界との繋がりという感覚と、②親族や知人、同族人、同郷人への責任感、の二種類に大別できるという。前者については、実際に民間スポンサーとなって完全に無償・ボランティアで受け入れを行っている人々へのインタビューで、以下のような回答があったという。

「やっぱり社会正義だと思う。もうほんとに疲れちゃう時もあるんだけど……」

「人間として正しいこと、やるべきことだと思うから」

「価値観というか、倫理観というか。カナダ人としてこうすることが自然だから」

「グローバルな視点からローカルに具体的な行動を起こす、ということだと思う」

「人間の強さとか脆さとか、あと自分たちの社会について知ることに繋がる」

「かなりの責任を負うことになって、頑張らなきゃいけないっていう感覚が、逆に私の人生を豊かにしてくれる」

「両親や地元の人たちがやっていたから、つられて……」

また②の理由は、自分自身が難民としてカナダにやって来たという経緯があり、永住権や国籍を取得し経済的にある程度自立した後で、自らが民間スポンサーになるというケースが多い。

特に、カナダでは通常「家族」とは配偶者(一名)と未婚で未成年の子に限られており、それ以外の親族を呼び寄せるスキームが政府主導プログラムにも無いため、例えば既に成人した兄弟姉妹や姪・甥などを助けるために元難民が民間スポンサーになることが多い。また必ずしも親族だけでなく、同じような迫害を命からがら逃れ、まだ遠い難民キャンプなどに取り残されている同族人や同郷人を絶対に救出しなければ、という強い責任感もあるという。ハインマン教授らの調査に、元難民は以下のように回答した。

**「人間であれば、他の人を助けられることが、人生で最大の成功だと思う」。**

過去に政府主導プログラムや民間スポンサーシップでカナダにやって来た難民が自立して、民間スポンサーになれるほどに成功し、別の難民を呼び寄せ、さらにその難民が民間スポンサーになる、という「チェーン・スポンサーシップ」とも言える連鎖現象が生まれている。ただし、実はカナダの主要な難民政策研究者自身から、「必ずしもカナダの経験が完璧なわけでなく、世界各国がそのまま模倣すべきモデルケースとは言い難い」という声も上がっている。カナダの民間スポンサーは受け入れたい難民個人を予め指名できることが極めてユニークであるが、そのことは受け入れられる難民が既にカナダとの何らかの繋がりを有していることを示唆している。英仏の語学能力がある場合も多い。民間スポンサー側も過大な負担をできる限り抑えるため、カナダ社会に馴染みやすそうな優秀な難民を選抜する動機が生まれやすい。実質的に多くの対象が、親族・友人・知人など同郷人や同じ民族的・宗教的背景を持つ難民であるが、そもそもカナダ政府が「家族・親族呼び寄せスキーム」を別途構築し、民間スポンサーシップはより脆弱な難民に開かれるべき、という指摘もある。上では三つのプログラムのうちの③官民ハイブリッド型、つまり政府主導プログラムでカナダに既に第三国定住した難民の入国後の定住支援に名乗りを上げる民間スポンサーが極めて少ないということを指摘した。それは、そのような難民は脆弱性を基準に選抜されており、定住支援は困難を極める場合が多いからである。

確かに、民間スポンサーシップは究極的な民主主義の実践、市民社会の力の見せ所であると同時に、「庇護の民営化」、政府による民間への責任転嫁ではないか、という指摘もある。さらには、民間スポンサーには事前に一定の審査や研修があるものの、ケベック州では、スポンサーによる制度の濫用のおそれ(より具体的には受け入れた難民が労働搾取されたとの疑義)が持ち上がり、いったん中断された時期もある。

特に「シリア難民危機」以降、欧州各国でも様々な試験的な取り組みが行われており、ウクライナ対応では、米国のバイデン大統領も初の民間スポンサーシップであるUniting for

Ukraine を立ち上げた。次章で見る通り、日本にも民間スポンサーシップに似たような動きも近年みられるが、老舗であるカナダの経験から学ぶべき教訓は多い。

### 本国からの直接退避

「連れて来る方式」の最後に取り上げたいのが究極的なウルトラC、まだ本国にいる潜在的難民を直接脱出させる方法である。そもそもまだ本国にいる人は、難民条約上の難民の要件から明確に外れるため、国際法上はまだ難民ではないが、差し迫った迫害のおそれがあるため、可及的速やかに本国を脱出する必要がある。直接退避について正式な定義は無く、学術的には「本国内庇護審査」(in-country asylum processing) とか「入国保障手続」(protected entry procedures) などと呼ばれることもある。庇護を求める者がまだ本国にいるという点では、第一章でみた「外交的庇護」と重なる部分もある。しかし外交的庇護との決定的な違いは、外国政府や外国関連団体に現地職員として雇われていた人の場合、その雇用主である外国勢力が撤退すれば迫害の危険が急激に高まるため、本国内の外国大使館で悠長に庇護申請・審査する時間的余裕は無く、一刻も早く本国から脱出させる必要がある。また外交的庇護と違って、外国勢力のために働いていたから迫害を受けるおそれが出てくるという意味で、直接的な因果関係から来るより強い道義的な責任が雇用主・受入国側に生まれる。

古い事例では、一九七五年四月のサイゴン陥落時、米軍をはじめとする外国軍がベトナムから撤退した際に、多くの現地職員とその家族がベトナムから米国などに直接退避した。また二〇〇〇年代初頭からは、特にイラクやアフガニスタンに国際部隊を派兵していた欧米諸国では、現地職員が現地の過激派勢力から攻撃される危険が高まったため、深夜にIOMが運航する飛行機などを使って秘密裏かつ定期的に小規模で現地職員とその家族を本国に向けて脱出させ、入国後「難民」として保護していた。欧米メディアでは便宜的に「イラク人通訳受け入れプログラム」「アフガン人通訳用プログラム」などと呼ばれることもあるが、必ずしも全員が通訳だったわけではない。

直近の大規模事例では二〇二一年八月、タリバンがアフガニスタン全土を制圧し事実上の政権を奪還することが明らかになると、アフガニスタンに駐在していた米国などの国際援助提供国(ドナー)の軍や大使館、開発支援組織、NGOなどで勤務していたアフガニスタン人現地職員は、タリバンによって「外国に魂を売った背信者」と見なされ、命を狙われるおそれが急激に高まった。そこでドナー政府の多くはアフガニスタンから撤退する際、自国民と共に(元)現地職員を、受入国のために働いていた者という「社会的集団の構成員」であるために迫害されるおそれがある潜在的難民として、自国に向けて直接退避させ、定住ないしは永住を前提に受け入れた。

特にこのアフガニスタン退避では欧米各国のみならず、非伝統的受入国も(元)現地職員とその家族の直接退避に乗り出したのが極めて異例であった。二〇二一年八月三〇日付けのロイター通信によると少なくとも、米国、イギリス、ドイツ、イタリア、オーストラリア、カナダ、スウェーデン、フランス、オランダ、デンマーク、ベルギー、チェコ、スペイン、スイス、インド、パキスタン、イラン、ニュージーランド、アラブ首長国連邦、韓国、ポーランド、ハンガリー、ウクライナ(順不同)がアフガニスタン人現地職員の直接退避と受け入れを行ったと報じられている。このうち韓国は軍用機を使って二〇二一年八月中には四〇〇人近くを成功裏に退避させ、「特別功労者」として特別な在留資格と支援を提供し、ヒュンダイなどの民間企業とも連携の上で、二〇二二年末時点でほぼ全ての家族が就学・就労を果たしたという。

ただし難民条約で想定された枠組みからは外れ、また特殊な場合を除いてはIOMなどの国際機関も関与しないため、直接退避政策に関する国際的な指針や基準は無く、受け入れ基準や手続きなどはあくまでも各受入国政府の高度に政治的な判断と裁量に委ねられている。過去一〇年の対アフガニスタン主要ドナーのうち、米国、ドイツ、イギリス、カナダ、オーストラリアの直接退避の枠組み、要件、在留資格、入国後の支援策などを簡単に整理したのが表3-2である。ここで主要ドナー国だけを選んだ理由は、多くの援助資金を投入していれば当然、大使館や開発支援機関やNGOといった現地のプレゼンスも大きく、必然的により多くの現地職員を雇用していたことが推察されるからである。日本もトップドナーの一つであるが、日本のアフガン退避については第四章で詳しく検討する。

この表からは、主要ドナー各国とも多種多様な枠組み、要件、在留資格、入国後の支援策を設定していることがわかるが、どの主要ドナー国も極めて積極的かつ大規模に受け入れており、必ずしも退避者全員が難民認定されているわけではなく、どちらかと言えば実質的に第三国定住難民に準ずる者としての支援や対応が一般的と言える。前者の点については、自らの国のために働いてくれたが故に迫害のおそれが生じることになってしまった元同僚とその家族をさすがに見捨てるわけにはいかない、受入国側が「迫害のおそれ」が生じることになった背景事情の一端を担っている、という道義的・倫理的意識が垣間見られる。換言すれば、一般的な難民と違ってたまたまたどり着いた国ではなく、元雇用主側の国こそが絶対に受け入れなくてはならないという道義的責任がもう一段高い対象者とも言える。

また必ずしも難民認定作業を経ていないのは、そもそも現地職員として採用される前にある程度の身分事項は審査済みであり、また多数の退避者を短期間に速やかに受け入れるには個別の審査手続きは馴染まないこと、そして元同僚がタリバンの迫害の対象になっていることは厳然たる事実であるため、第一章でみた「一応の認定」でも構わないこともあろう(ただし米国についてて言えば極めて厳しいセキュリティー・チェックがあるため、まだ全員が入国を果たしたわけではない）。と同時に穿った見方をすれば、外国勢力のために働いていたアフガニスタン人は少なくとも現地の基準ではエリート中のエリートであり、既に受入国の言語や文化、職業倫理などにも通じていて、退避後に受け入れ社会に馴染むことが比較的容易であることが想定される。

さらに言えば、仮にアフガニスタンでの援助活動を再開することになった際には、本人が帰還しなくても、他の現地市民に対して「ちゃんと働いてくれたらちゃんと守りますよ」という証拠付きメッセージを送ることになるため、中長期的に優秀な現地職員を確保することにも繫

（日本以外の主要ドナー国，2022 年末）

| カナダ | オーストラリア |
|---|---|
| Special Admission Program for Afghans supporting Canadian Gov | Temporary Humanitarian Stay |
| 1）カナダ政府と「相当または継続的な」雇用関係にあった者，かつ<br>2）2021 年 7 月 22 日以降に現地にいた者<br>3）上記を満たす人の家族（配偶者と 22 歳以下で未婚の子および孫） | 豪軍，大使館，開発機関，豪警察の現地職員（LEEs）または，豪政府と ‘working relationship’ にある者とその家族（例えば NGO や政府出資事業に貢献した者とその家族） |
| 永住査証で入国<br>通常の政府招聘第三国定住難民と同じ支援プログラム | 3 カ月有効な Humanitarian stay (temporary) subclass 499 で入国，一時滞在を経た後で永住権に切り替え<br>第三国定住難民と同等の定住支援 |
| 9,505 人（入国済み） | 16,500 人 |

表 3-2　アフガニスタン現地協力者などの退避政策

| | 米国 | ドイツ | イギリス |
|---|---|---|---|
| 枠組み | 1) Special Immigrant Visa (SIV)<br>2) Humanitarian Parolees (or P-2 refugee) | | Afghan Relocations & Assistance Policy |
| 退避要件 | 1) 2001年以降に米政府機関かISAF米軍に1年以上勤務した者と家族(SIV)<br>2) 上記以外(例：1年以下の勤務または下請け業者や事業ベースによる雇用または米系民間団体の職員と家族，SIV申請の結果待ちなど) | 2013年以降に独軍，大使館，開発機関で直接雇用されていた職員とその家族<br>また，ドイツとは直接関係の無かった市民活動家，メディア，NGO，文化活動等に従事し特別に国際保護が必要な者 | 現在または過去にイギリス政府機関に直接雇用されていた者とその家族(雇用形態や雇用期間，現滞在国は不問だが，業種による迫害危険度に従ってカテゴリー1から4に優先付け) |
| 在留資格と入国後の定住支援 | 1) 即時永住資格(Green card)<br>2) Paroleesは当初2年間に他の在留資格に切り替え<br>入国後の支援：Afghan Placement & Assistance Program | 短期滞在で入国後すぐに3年間有効の「緊急人道在留」に切り替え | 短期査証で入国後すぐに永住権に切り替え<br>第三国定住難民と同じ支援パッケージ<br>Operation Warm Welcome |
| 受け入れ人数 | 86,000人(入国済み)<br>合計100,000人を超える見込み | 23,000人(入国済み)<br>全体では38,000人に入国許可証発行済み | 11,600人(入国済み)<br>さらに6,200人受け入れ見込み |

出典：筆者作成
注：上記に加えて，各国ともに年間数万人規模で第三国定住や民間スポンサーでのアフガニスタン難民受け入れを実施中.

がる。要するにここでも、人道と国益の交差が明らかに見られるのである。

# 第四章　日本は難民にどう向き合ってきたか

日本はしばしば「難民鎖国」と批判されてきた。確かに受け入れ人数や審査基準を見ると少なすぎる・厳格すぎる部分は否めないが、受け入れの種類や方法という意味では、第二章・第三章で見てきた「待ち受け方式」と「連れて来る方式」の双方において、既に様々な方法を経験してきている。本章では、戦後日本の難民受け入れ政策の歴史的沿革を概観してみたい。大きく言って①インドシナ難民の受け入れ、②難民条約に基づく個別庇護審査、③第三国定住、④留学生としての受け入れ、⑤アフガニスタン現地職員退避、⑥ウクライナ(避)難民受け入れ、の六つのフェーズに分けられる。それらを概観する前に、日本が歴史的に最も得意としてきた世界における難民支援への財政的援助について、本書の主題からは外れるためごく簡単に触れておきたい。

## 外国にいる難民支援のための財政的援助

日本は戦後目覚ましい経済成長を遂げ、特に一九七〇年代からは多額の財政的援助を「途上国」や国際機関に継続的に拠出してきた。国内情勢や為替相場によって多少の増減はあったにせよ、過去五〇年余りにわたり二国間ODAでも多国間ODAでも、日本は世界トップレベルのドナー国の一つであることに間違いない。それら拠出金の多くは、世界各地にいる強制移住者への直接・間接支援に確実に役立てられてきた。貴重な拠出金の一部を国連職員時代に運用させて頂いていた者として、この場を借りて日本政府および納税者の方々に心からのお礼を申し上げたい。

その一方で、日本への難民の受け入れ数が「待ち受け方式」にせよ「連れて来る方式」にせよ、他の自由民主主義的OECD諸国の経済規模や人口規模との割合で比較した際に、極端に少ない状態が長年続いている。このように、一方で外国にいる強制移住者に多額の財政的支援を寛容に拠出する反面、国内への難民受け入れはできる限り抑える方針は、世界の難民学者の間で「ジャパニーズ・ソリューション」(日本的解決方法)と揶揄されている。

この「日本的解決方法」という批判は「対外的に多額のお金を出す代わりに日本への難民受け入れの数は可能な限り少なくする」という指摘であるから、突き詰めて考えれば、日本政府からの拠出金額と日本への難民受け入れ数の間に原則的に反比例の関係が生まれているはずで

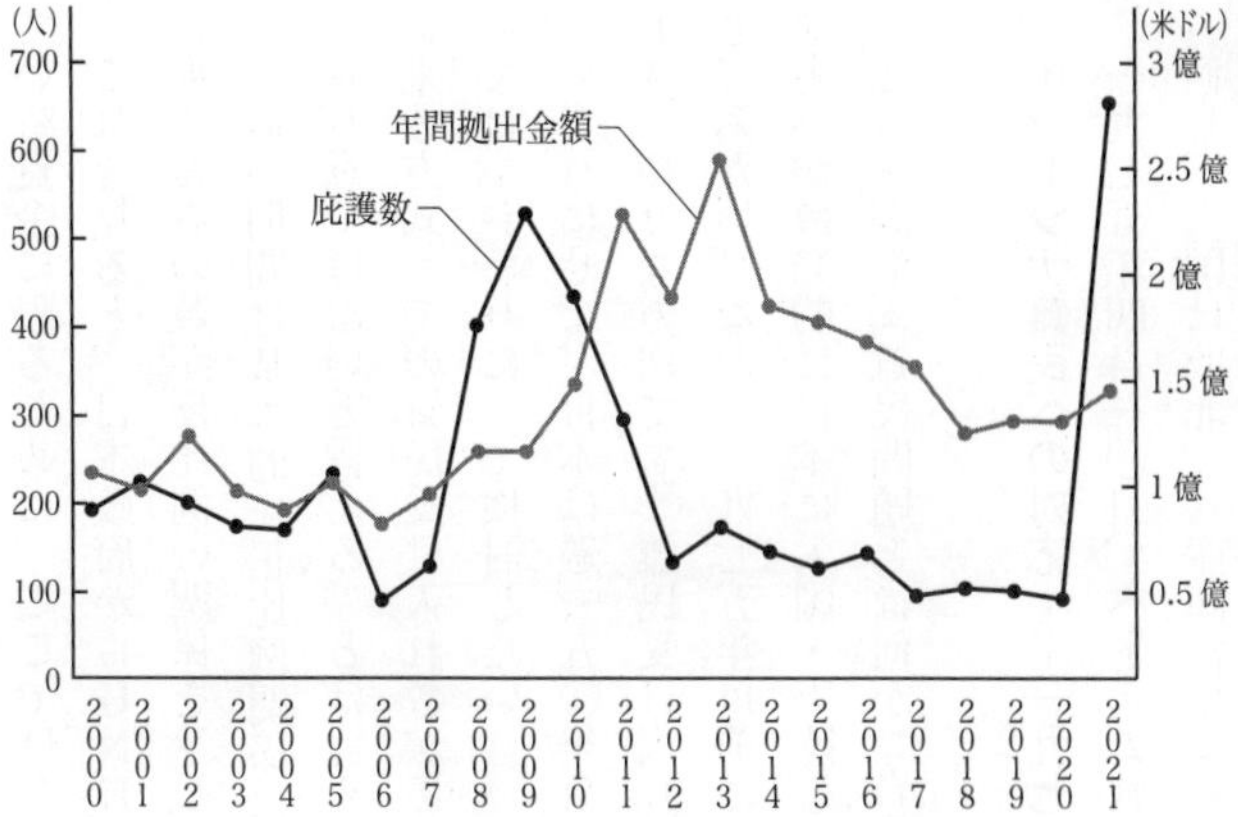


図4-1　日本の財政支援と庇護数(2000-2021年)

出典：UNHCRおよび法務省資料より筆者作成．作図＝前田茂実
注：庇護数は，日本政府によって条約難民として認定された者と「その他の庇護」(人道配慮による在留許可)を与えられた者の合計．

ある。しかし、実際に数値を見てみると必ずしもこの仮説は当てはまらない。図4-1は、二〇〇〇年以降の日本政府の対UNHCR拠出金額と、庇護数、つまり日本国内で難民あるいは「人道配慮」で在留を認められた者の合計数をそれぞれ折れ線で示したものである（二〇二二年以降はそれまでの傾向がさらに急激に強まっただけであるため省いた）。諸外国に滞在する強制移住者への物資支援は、UNHCRだけでなく他の国連機関への多国間ODAを通じても、またそのような者を物理的に抱えている各国政府（例えばバングラデシュやトルコなど）への二国間ODAを通じても行われているため、本来はそれらも全て加味するべきではあるが、確実に（避）難民のためだけに活用されている資金に限るために、ここではUNHCRへの拠出金のみに絞った。

これを見ると、日本政府からUNHCRへの拠出金額と、日本で保護された難民または難民に準ずる者の数が反比例の関係を示しているのは二〇〇九年から二〇一一年の間だけであり、その他の期間は基本的に正比例関係にある。したがって、「日本的解決方法」という仮説はあまり有意ではないと言える。とは言え、日本の経済規模や人口規模に比べて、とりわけ「連れて来る方式」での難民受け入れ数があまりにも少ないという批判は妥当ではあり、この点については「おわりに」で検討したい。

いずれにせよ、日本は過去五〇年余りの間、その数の少なさや受け入れ条件の厳しさはさておき、様々な方法で(避)難民受け入れを実際に経験してきている。以下、時系列を追って概観してみたい。なお、一九七五年以前にもロシア難民、ユダヤ難民、また台湾や韓国からの「亡命者」が散発的に日本に入国・上陸した事件はあったが、それらにおける日本政府の対応については本間浩『難民問題とは何か』(岩波新書)に詳しい。

## インドシナ難民への対応——一九七五年から二〇〇五年

一九七五年四月三〇日、ベトナム戦争の最末期に北ベトナムが南ベトナムの首都サイゴンを占領し、米国は敗北、共産陣営による南北ベトナム統一が決定的となった。サイゴン撤退時には、米軍をはじめ多くの西側諸国が現地職員を一緒に退避させ、その後も共産主義に異議を唱えたベトナム人の国外脱出に拍車がかかり、約三〇〇万と推定される人々が命懸けでボートなどで国外脱出した。一九七五年五月一二日には、確認されている限りで初めて、米船籍に救助されたベトナム人九名が日本の千葉港にも到着した。このようなベトナム出身のボートピープルに対して、日本政府は当初、日本に留まることを一切許さず、第三国(多くの場合は米国)に直ちに送り出していた。しかし主に米国からの外交圧力の高まりなどもあり、一九七八年以降は一定の条件下で日本への定住が許されるようになった。

また一九七五年には、ラオスとカンボジアでも社会主義体制への移行という政変が起こり、多くの人々が陸路で隣国に逃れた。ベトナム、ラオス、カンボジアの三カ国出身の(避)難民は「インドシナ難民」と総称され、二〇〇五年までで一万一三一九人が日本での定住を許可された。そのうち三五三六人は自力で日本(の領海内)に漂着するか、海上で日本船籍か外国船籍に救助されて日本の港で下船した。また別の四三七二人は、インドシナ三国以外のアジア諸国に一旦避難し、そこから希望者が日本に連れて来られる方式、つまり実質的に第三国定住ルートで移住した。さらに二六六九人は既に日本に避難したベトナム人の家族として、一九八〇年代以降ベトナムから直接合法的に出国し呼び寄せられた。ほとんど報道されていないが、この合法的出国・家族呼び寄せプログラムは二〇〇五年度まで続き、筆者が以前勤務していたＩＯＭ

駐日事務所が空港出迎えなどをアレンジしていた。残りの七四二人は、インドシナ三国での政変前に既に日本に入国・滞在していた元留学生などで、第一章でみた「後発難民」である。正確な数は不明だが、定住許可された一万人強のインドシナ難民のうち約半数が今でも日本で暮らし、なかには帰化して「日本人」となった方々もいる。当事者の視点から日本語で書かれた書物として、元ベトナム難民で日本で医師となった武永賢《たけながけん》（ヴー・ダン・コイ）『日本人が知らない幸福』（新潮新書）や、元カンボジア難民で精力的に講演活動を続ける久郷《くごう》ポンナレット『色のない空――虐殺と差別を超えて』（春秋社）がある。

インドシナ難民が日本に到着し始めた一九七〇年代後半当時、日本は難民条約に加入しておらず、難民保護に関する国内の法制度も一切整備されていなかった。日本への定住許可やその要件は、当時の国内法であった「出入国管理令」の改正ではなく、閣議了解を五月雨式に発出することで徐々に定められていった。言い換えれば、インドシナ難民は難民条約の枠組み外で、つまり法律ではなく政策に基づいて受け入れられた。インドシナ難民への実務的対応を経て、日本国内で官民共に後追い的に難民保護体制が徐々に整えられていき、難民事業本部（ＲＨＱ）や現在でも国内で活躍する多くの市民団体（今日にいうＮＧＯ・ＮＰＯ）がこの時期に設立された。日本における難民政策の歴史を振り返る上で欠かせない萌芽フェーズである。

## 難民条約に基づく個別庇護審査――一九八二年から

インドシナ難民が来日し始めた当時、日本は難民条約の締約国ではなかったが、既に一九六〇年代から社会党などの野党によって難民条約締結の発議は何度か出されていた。締結に踏み切らない主な理由として、日本政府は国会審議などの場で以下の点を挙げていた。

①条約上の難民の定義が不明瞭
②難民という概念は西欧発であって日本を含めアジアには関係ない
③条約に加入すると日本の周辺にある政情が不安定な近隣諸国から難民が日本に押し寄せる危険がある
④日本周辺で大規模な「難民危機」が起きる可能性は低い

第一章で見た通り、条約上の定義には不明瞭な部分（少なくとも解釈の余地を各締約国に与えるような文言）があることや、当初は欧州出身者に対象が限られていたのは事実であるが、難民という概念が日本を含むアジアには関係ないとか、日本の周辺で大規模な難民危機が起きる可能性が低いという言い分は、一九六七年議定書の発効とインドシナ難民の漂着によって通用しなくなった。また日本政府の中枢でインドシナ難民対応にあたっていた政府高官の間にも、国内法上の根拠が全く無いなかで対応し続けるのは限界、という認識も広まっていった。その他、様々な要素の検討を経て、日本が難民条約に加入するために必要となる法案が、一九八一年六月五日に国会で可決・成立した。日本は世界で八五番目の難民条約締約国となり、アジアでは、イランやフィリピンに次ぐ形となった。併せて、出入国管理令を改正し、難民条約の内容を実施するための国内法「出入国管理及び難民認定法」(入管法)も同時に制定され、翌一九八二年(昭和五七)一月一日から施行された。これにより日本では、法務大臣(実際には入国管理局、現在の出入国在留管理庁)が日本国内で庇護申請する人の難民認定作業を行うという体制が整い、今日まで続いている。

具体的実績としては表4-1の通り、一九八二年一月一日から二〇二三年(令和五)一二月三一日までに、一〇万五四八七人が日本国内で庇護申請を行い、うち一四二〇人が難民条約上の難民として認定された。一九八〇年代初頭に比較的難民認定数が多いのは、それまでに既に日本に入国していたインドシナ難民が申請し条約上の難民として認められたからである。また二〇二二年・二三年に条約難民と認められた者が急増した主な理由は、後述するアフガニスタン現地職員のうち日本になんとか退避が許された者が入国後に庇護申請し認定されたためである。

なお、この表からはわからないが、二〇二三年の処理数は(一次審査と不服申し立てを合わせて)一万一六四三人であるため、同年の難民認定率は約一二・六%であった。また二〇一七年の処理数は一万五七五二人で認定数は二〇人だったので、認定率は〇・一三%となり過去最低を記録した。他のG7諸国などと比較するとこの認定率は確かに桁違いに低く、日本が長年「難民鎖

表 4-1　日本における庇護実績(1978-2022 年)

| | 庇護申請数 | 難民認定数 | 定住難民 | 人道配慮による在留許可 |
|---|---|---|---|---|
| 1978 年 | — | — | 3 | — |
| 1979 年 | — | — | 94 | — |
| 1980 年 | — | — | 396 | — |
| 1981 年 | — | — | 1,203 | — |
| 1982 年 | 530 | 67 | 456 | — |
| 1983 年 | 44 | 63 | 675 | — |
| 1984 年 | 62 | 31 | 979 | — |
| 1985 年 | 29 | 10 | 730 | — |
| 1986 年 | 54 | 3 | 306 | — |
| 1987 年 | 48 | 6 | 579 | — |
| 1988 年 | 47 | 12 | 500 | — |
| 1989 年 | 50 | 2 | 461 | — |
| 1990 年 | 32 | 2 | 734 | — |
| 1991 年 | 42 | 1 | 780 | 7 |
| 1992 年 | 68 | 3 | 792 | 2 |
| 1993 年 | 50 | 6 | 558 | 3 |
| 1994 年 | 73 | 1 | 456 | 9 |
| 1995 年 | 52 | 2 | 231 | 3 |
| 1996 年 | 147 | 1 | 151 | 3 |
| 1997 年 | 242 | 1 | 157 | 3 |
| 1998 年 | 133 | 16 | 132 | 42 |
| 1999 年 | 260 | 16 | 158 | 44 |
| 2000 年 | 216 | 22 | 135 | 36 |
| 2001 年 | 353 | 26 | 131 | 67 |
| 2002 年 | 250 | 14 | 144 | 40 |
| 2003 年 | 336 | 10 | 146 | 16 |
| 2004 年 | 426 | 15 | 144 | 9 |
| 2005 年 | 384 | 46 | 88 | 97 |
| 2006 年 | 954 | 34 | — | 53 |
| 2007 年 | 816 | 41 | — | 88 |
| 2008 年 | 1,599 | 57 | — | 360 |
| 2009 年 | 1,388 | 30 | — | 501 |
| 2010 年 | 1,202 | 39 | 27 | 363 |
| 2011 年 | 1,867 | 21 | 18 | 248 |
| 2012 年 | 2,545 | 18 | 0 | 112 |
| 2013 年 | 3,260 | 6 | 18 | 151 |
| 2014 年 | 5,000 | 11 | 23 | 110 |
| 2015 年 | 7,586 | 27 | 19 | 79 |
| 2016 年 | 10,901 | 28 | 18 | 97 |
| 2017 年 | 19,629 | 20 | 29 | 45 |
| 2018 年 | 10,493 | 42 | 22 | 40 |
| 2019 年 | 10,375 | 44 | 20 | 37 |
| 2020 年 | 3,936 | 47 | 0 | 44 |
| 2021 年 | 2,413 | 74 | 0 | 580 |
| 2022 年 | 3,772 | 202 | 35 | 1,760 |
| 2023 年 | 13,823 | 303 | 47 | 1,005 |
| 合計 | 105,487 | 1,420 | 11,595 | 6,054 |

出典：出入国在留管理庁，2024 年 3 月 26 日報道発表資料

国」と批判されてきた所以の一つである。

また上記とは別途、難民の定義には当てはまらないと法務省が判断したが何らかの人道的な理由があるということで、累計六〇五四人に特別に在留が許可されている。通常「人道配慮による在留許可」と呼ばれる措置である。二〇二一年以降に急増したのは、主にミャンマーとアフガニスタンにおける国内情勢の急激な悪化を受けて、既に日本で庇護申請していた者に緊急避難措置として「特定活動」などの在留資格が認められたことが理由である。

さらに表4-1に出ていないのが二〇二三年六月に可決・成立した改正入管法に則り同年一二月から導入された「補完的保護」で、日本では、本国で迫害のおそれはあるがその理由が難民条約上の五つの事由に因らない者が対象とされている。二〇二三年には二人が、二〇二四年二月末までの累計では六四七人(ほぼ全員ウクライナ出身者)が補完的保護対象者として認定されている。

続いて表にある「定住難民」とは、前項でみたインドシナ難民が二〇〇五年まで計上され、二〇一〇年からは後述する第三国定住難民を指している。これらの定住難民は、日本に入国した後で改めて入管局(入管庁)に対して庇護申請をしなければ、難民条約上の難民としては認められていない。しかし、これらの人々は難民認定手続きを経なくても、正式に条約上の難民と認められた人と同じ「定住者」という在留資格が与えられ、日常生活上での諸権利や支援についても(細かい点を除けば)基本的に条約難民とほぼ同じ処遇を受けられており、敢えて庇護申請する意義は小さいといえる。

上述の「人道配慮による在留許可」制度について付言すると、具体的にどのような場合に出されるのか事例を入管庁が毎年公表しており、「本国事情」と「本邦事情」によるものに大別されている。前者は、例えば本国が内戦状態にあって今帰国すると武力紛争や戦闘に巻き込まれる危険があるケースや、出身地におけるテロ事件が頻発しているケースである。後者は、日本人と婚姻して日本国籍を有する実子がいるなど、日本人との密接な身分関係を有していると か、日本における継続的な医療や治療が必要なケースなどがある。ただし、本来の難民認定は、本邦事情とは無関係に本国事情のみに基づき判断されるべきであり、両者の混同は難民認定のロジックからすると不適切である。二〇二三年の改正入管法に則り、前者は補完的保護に、後者は難民認定とは切り離した「人道配慮による在留許可」(入管法五〇条)に整理し直すことが望ましい。

いずれにせよ、日本政府としては条約難民とは認定しないが「人道配慮による在留許可」が出された者には、多くの場合「特定活動」という在留資格が出され、就労も可能で、外国人一般に対する行政サービスも利用可能となる。ただし、正式に難民認定された人や補完的保護の対象者には「定住者」(五年ごとに更新)という、より安定した長期の在留資格が与えられ、とりわけＲＨＱが日本政府から委託されて提供する日本語教室や生活ガイダンス（第五章参照）に参加することもできる。一方、「人道配慮による在留許可」が出された難民申請者にはそのような権利が無い。ここが、両者間の大きな違いの一つと言える（詳しい比較は後掲の表4－3を参照）。

さて、難民認定制度には一九八二年の施行開始から、様々な改変が施されてきた。二〇二三年六月に国会承認された直近の「改正入管法」（二〇二四年六月までに施行、より詳細は「おわりに」を参照）を除けば、二〇二三年までで最も大きな改正は二〇〇五年から施行されたもので、主に以下の四点が導入された。

①いわゆる「六〇日ルール」の撤廃（それまでは、難民は来日後あるいは本国での迫害のおそれがわかってから上限六〇日までの間に、庇護申請をしなければ申請自体が受理されないという運用上のルールがあった）

②庇護申請者のうち諸条件を満たす者に「仮滞在許可」を与え、難民認定審査中は送還手続きが止まることを保証する

③正式に難民に認定された人には自動的に在留資格を付与する（一般的には「定住者」）

④異議申し立て制度の見直しとして難民審査参与員制度を新設する

さらに二〇一〇年には、正規の在留資格を持つ人が庇護申請した場合で、審査手続きに六カ

月以上がかかる場合には、就労可能な在留資格（難民申請中という特定活動）を付与するという取り扱いも開始された。これらは、庇護申請者や難民にとって好意的な改正だったと言えよう。

しかしその頃から、表4-1に見られるように庇護申請数が急増し、二〇一七年には二万人に迫る勢いとなった。他のOECD諸国と比較すれば決して大きい数ではないが、入管局（入管庁）はこれらの多くを「難民保護制度の濫用・誤用」とみなすようになる。そこで二〇一八年から庇護申請案件の「振り分け制度」が導入され、それに伴う在留・就労制限措置が段階的に厳格化されてきた。

詳細は割愛するが、現行では、難民性が高いとみなされ、かつ正規在留資格が有効な間に申請した者については、六カ月を待たずに最短二カ月間で就労可能な「特定活動」の在留資格が出される。その一方で、難民条約上の迫害事由に明らかに該当しない事情を主張する庇護申請者（初回申請者も含む）や、何度も同じ主張を繰り返す複数回申請者などに対しては、就労や在留を認めない取り扱いとなっている。難民がどの国でいつ庇護申請するかは実に様々な要素の組み合わせであるので因果関係の拙速な断定には注意すべきではあるが、統計的事実としては表4-1に見られる通り、二〇一八年の庇護申請者数は前年度比で半減した。ただし、二〇二〇年から二〇二二年の急激な減少は、新型コロナウィルス感染症に対する水際対策として、外国籍者が日本に入国することが非常に難しくなったことによると見た方が妥当であろう。

いずれにせよ、日本は一九八一年六月に、国会承認を通して民意を反映し自発的に難民条約の締約国となったのであり、難民条約に書かれている法的な取極めは真摯に遵守する国際法上の義務がある。また、東アジアと東南アジアで難民条約に加入している国は日本以外にフィリピン、中国、カンボジア、韓国、東チモールの五カ国だけであり、地域的な観点でも、自由民主主義国かつ法治国家かつ「先進国」たる日本が難民条約の締約国としてその法的義務を率先して遵守することの意義は大きい。

## なぜ日本の難民認定率は低いのか

さて、読者のなかにはテレビや新聞報道などで、他国における難民認定率が例えば三〇%とか五〇%とかであるのに、日本における難民認定率が一%前後というグラフを見て不思議に思ったことがあるかもしれない。良し悪しは別として、日本の難民認定率は他のG7諸国と比較すると桁違いに低いことは間違いない。その理由として、認定率が低いことを擁護する立場（例えば法務省）からは主に、

①就労目的とした制度の濫用・誤用ケースが多い
②日本で庇護申請する者の中にいわゆる「難民発生国」の出身者が少ない
③そもそも「迫害のおそれ」が無い申請者が多い

といった趣旨の説明が、公的文書や国会答弁などでなされてきている。その一方で、認定率が低いことを批判する立場（例えば弁護士や支援団体）からは主に、

④難民の法的定義の要である「迫害」の解釈が狭すぎる
⑤難民であるという主張の信憑性の評価や迫害のおそれのハードルが高すぎる
⑥難民審査参与員制度が機能していない

などの指摘がなされている。以下この六項目各々について検討していきたい。

　その前提として確認しておきたいのが、難民認定率は高ければ高いほど正しい、という訳ではないという点である。難民認定率は試験の点数ではないため、必ずしも数値が高いことが正解なのではなく、難民である人をきちんと認定し難民でない人を不認定できているか、つまり「正しく判断できていること」が決定的に重要なのである。そして、ある国における難民認定率が妥当かどうかは、一人一人の難民申請内容を吟味してみないと究極的にはわからない。時折、難民申請者の出身国ごとの各国における難民認定率を比べた表（例えばトルコ出身者が、諸外国において何%難民認定されているか）も目にすることがあり、確かに単に難民認定率だけを比べるよりも精度は上がるかもしれない。しかし難民認定作業とは、申請者の本国がどのような状況にあるのかといった客観的一般的情報だけでなく、個々人がどのような属性を持ちそれ故にどの程度の迫害のおそれを感じているのか、という主観的認識も重要である。よって、単に出

身国を比べただけでは難民認定率の妥当性を断定することはできない。難民認定率を「数」の問題として諸外国と単純比較してもあまり意味は無く、より重要なのは難民認定手続きの中身と基準、つまり量ではなく質の問題なのである。

【①「濫用・誤用ケースが多い」との説明】

庇護申請案件の「振り分け制度」が二〇一八年から導入され、難民条約上の迫害事由に明らかに該当しない事情を申し立てる申請者や複数回申請者に対しては在留や就労を認めない措置が採られるようになると、庇護申請者がすぐに半減したことは上に述べた。これをもって「日本における庇護申請者の多くは就労目的だった」という主張がなされることがある。

なかにはそのようなケースもあったかもしれないが、本当に本国で迫害のおそれがあるものの、長い審査期間中、何年も全く就労できないのではホームレスになって飢え死にするしかないため、やむを得ず日本以外の国に出国し難民申請した者もいるかもしれない。第五章で見るが、難民申請中に最低限の生活費として支給される場合のある「保護費」の対象は極めて限られている。また、自ら意図的に悪用した者ばかりでなく、ブローカーから指南を受けて言われるがままに難民申請した者もいると思われ、「濫用」というよりは「誤用」と呼ぶ方が適切な場合もあろう。

さらには、彼らが実際に就労できていたとすれば、日本国内に労働の需要があったということである。不法に労働力を提供することが悪いのであれば、不法に外国人労働力を利用した側の責任も問われてしかるべきである。この点については、むしろ日本政府の労働移民受け入れ政策が実際の需要に追い付いていないことの証左とも言え、別の場に議論を譲りたい。

**【②「申請者の中に難民発生国の出身者が少ない」との説明】**

二〇一一年から二〇二三年の間にどこの国の出身者が日本で難民申請したかを見ると、多い方から順にネパール、トルコ、スリランカ、ミャンマー、フィリピン、ベトナム、インドネシア、カンボジア、パキスタン、バングラデシュ、インドとなっている（図4-2）。これらの国を見て、「大量の難民を生じさせるような事情がない国々からの申請」とする指摘もあるが、これは難民認定率の低さを正当化する上では説得力が弱い。

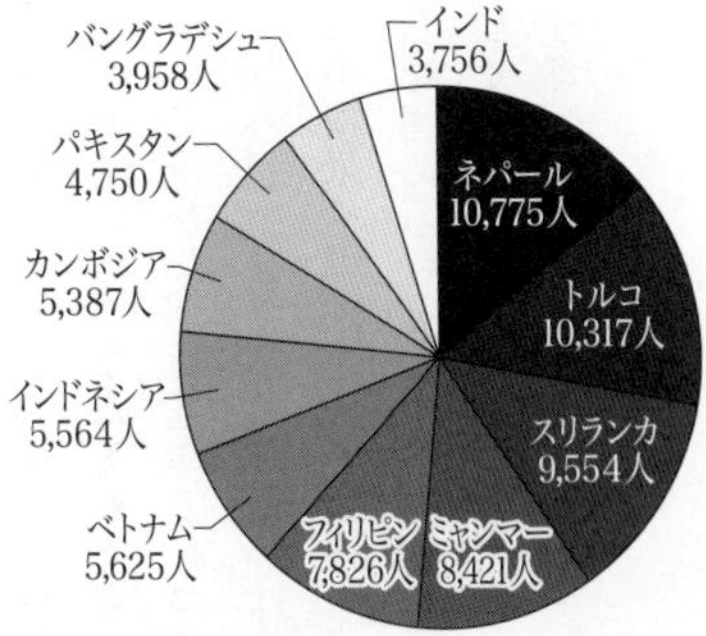


**図4-2**　日本における難民認定申請者の出身国（上位11カ国，2011-2023年）
出典：入管庁資料より筆者作成．作図＝前田茂実

トルコとミャンマーは、世界における庇護申請者・難民認定者の出身国として継続的に上位を占めている。またそもそも、難民性は本人がどの程度の迫害のおそれを個人的に感じるかが極めて重要な判断基準であって、本国が武力紛争・戦争状態にあるかとか、多くの人々と一緒に国外脱出しているか否かは決定打ではない。また北米と欧州を比較すると、前者では継続的に中南米や中国出身の庇護申請者が多いのに対し、後者では専ら中東・アフリカ系の者が大多数を占める。どこの国出身の難民がどこの国で申請するかは、地理的関係、入国に際し事前のビザ申請が必要かどうか、航空経路、ブローカーの戦略、同国出身者のネットワークの有無など様々な要素が複雑に絡みあう。出身国だけによって申請者の難民性を判断することはできない。

【③「迫害のおそれが無い申請者が多い」との説明】

庇護申請時の在留資格が、(通常は観光客を対象とした)短期滞在や、技能実習、留学である、または在留資格が無い(非正規滞在である)から、そもそも迫害を受けるおそれが無いという主張がなされることがある。しかし、これも中途半端な説明である。

庇護申請時の在留資格の大部分が短期滞在であるのは至極当然で、そもそも島国である日本に非正規入国するのは非常に難しく、正規に来日するには多くの「途上国」(であり難民発生国)

の出身者には事前のビザ取得が義務付けられている。また、本国で迫害のおそれがあったとしてもそれを理由に他国に逃れるための「難民ビザ」のようなものは存在しないため、短期滞在査証を申請するしか方法が無いのである。

ただ少し慎重な審査が必要になるのが、申請時に技能実習や留学の在留資格を持っていた場合である。技能実習生は通常、日本と本国政府との二国間協定に基づく仕組みを通じて本国の公的機関の認可を経て来日し、留学生の中には本国政府から推薦を受けた国費留学生もいる。彼らが庇護申請する場合、「来日後に新たな迫害のおそれが生じた」という主張になるはずであり、事情を詳しく聞かなくてはならない。近年のミャンマーやアフガニスタンのように、突然クーデターや政変が起きる国も世界では珍しくなく、反戦派・反プーチン派のロシア人留学生もこのケースに当たろう。いずれにせよ、申請時における在留資格の有無やその種類をもって、庇護申請内容に信憑性があるかどうかを断定することはできない。

ここまでは、日本における難民認定率が著しく低いことを擁護する説明を検証したが、以下はそれを批判する立場の主な指摘を三点見ていく。

### 【④「迫害の解釈が狭すぎる」との指摘】

難民条約上には「迫害」という難民認定の中核となる概念の定義や細かい説明が無く、国際難民法学者の間で長年その解釈について喧々諤々議論が重ねられてきた。第一章でも見た通り、例えばEUでは二〇〇四年の「資格指令」初版以来、迫害行為とはおおむね「基本的な人権の重大な侵害」であるという認識が定着した。一方日本では、少なくとも二〇二二年までは入管当局や裁判所によって以下の解釈が繰り返されてきた。

「「迫害」とは、通常人において受忍し得ない苦痛をもたらす攻撃ないし圧迫であって、生命または身体の自由の侵害又は抑圧を意味するものと解するのが相当であり……また……「迫害を受けるおそれがあるという十分に理由のある恐怖を有する」というためには、当該人が迫害を受けるおそれがあるという恐怖を抱いているという主観的事情のほかに、通常人が当該人の立場に置かれた場合にも迫害の恐怖を抱くような客観的状況が存在していることが必要であると解される」。

後段の主観的事情と客観的状況の双方が必要という解釈は妥当だが、「通常人」という概念は少なくとも二一世紀の世界の難民判例では一般的でない。日本の民事・刑事訴訟上の概念の援用と推察されるが、そもそも誰のことを「通常人」と指すのか不明であり、迫害のおそれを主張する人が正常または平均的な感性を有しているかは難民性の判断には無関係である。また、「生命または身体の自由の侵害又は抑圧」も、例えばEUが言う「基本的な人権の重大な侵害」

より明らかにずっと狭い。入管当局や裁判所は、ノン・ルフールマン原則を定めた難民条約第三三条1項の文言を参照したと思われるが、そこに「身体の(自由)」と「通常人」という文言を付け加えることで、同条項をさらに狭めた日本独自の解釈を展開してきたと言える。

しかし、日本の迫害概念の解釈が少し緩和される兆しが見えてきた。入管庁が二〇二三年三月に公表した「難民該当性判断の手引」によると、(少なくとも今後は)迫害とは「生命、身体又は自由の侵害又は抑圧及びその他の人権の重大な侵害を意味し、主に、通常人において受忍し得ない苦痛をもたらす攻撃ないし圧迫であって、生命又は身体の自由の侵害又は抑圧」(傍線は筆者)と解釈するとされている。従来の日本独自の解釈を踏襲する部分も見られるが、傍線部はそれを広げるものである。入管庁や法務省は、この「手引」は従来の解釈の変更ではなく、あくまでも「明確化」に過ぎないとしているが、過去四〇年近い積み重ねと、ＵＮＨＣＲ、難民法を専門とする研究者や弁護士、難民審査参与員らによる粘り強い対話を一定程度反映したものと筆者は見ている。今後この「手引」の内容が実際の難民認定実務にどの程度反映されるか、注視していく必要がある。

### 【⑤「信憑性や迫害のおそれのハードルが高すぎる」との指摘】

日本の難民認定率が低い別の理由として、「迫害のおそれ」がどの程度あるのか、またその証拠をどの程度申請者に求めるのか、その双方において高い基準が設定されていることも指摘される。

その前提として確認しておきたいのが、難民認定とは、申請者本人や似たような背景事情を抱える人に、どの程度著しい人権侵害があったかに基づき、申請者が母国に戻ったら迫害を受ける可能性が将来的にどれくらいあるか、つまり未来を予想する営みだということである。この点が民事・刑事訴訟上の判断、つまり基本的に過去の事実認定に基づく裁定とは大きく異なる。よって、将来的な迫害のおそれがどの程度ありそうであれば「難民」と判断するのか、予め基準をある程度設定しておくことが重要である。

必ずしも国際的に統一された基準は無いが、おおむね横並びであり、例えばイギリスは「合理的な程度にありえそうである」、米国は「合理的な現実可能性」、カナダは「合理的可能性」、またオーストラリアとニュージーランドは「真の可能性」を基準としている。数値で表すのは難しいが、一〇%程度の可能性で構わないとする判例や学説もある。これに対し日本政府は従来そのような基準は無いとしつつ、高度のがい然性がなくてはならない、としてきた。これは七〇~八〇%程度の可能性を求めるものと解釈でき、要求度が極めて高い。

また信憑性の判断についても、どの国家も例えば無実の人を監禁して拷問している現場を撮影し映像を公開するはずはなく、高度のがい然性が認められる証拠を提出するのは、特に命からがら国外脱出してくる難民の大多数にとって不可能に近い。また諸外国では「疑わしきは被告人(この場合は庇護申請者)の利益に」という「灰色の利益」が定着しているが、日本政府の難民認定行政ではそのような概念が適用された形跡はあまり見られない。申請者は当然、「迫害を受けるおそれ」を抱くに至った中核的な事情や経緯、理由についておおむね一貫した具体的な申述をしなくてはならないが、各出来事の日時や詳細について陳述に多少の揺れがあったとしても、それをもって「全てウソ」と判断しているとすれば「灰色の利益」を加味しない姿勢である。

ただし、迫害のおそれのハードルについても一筋の光明が最近見えてきた。上述した「難民該当性判断の手引」において、「迫害を受けるおそれがあるという十分に理由のある恐怖」という難民の定義の解釈において、申請者が「迫害を受ける現実的な危険があることが必要である。そして、現実的な危険の有無は、個々の申請者に関する具体的な事情を踏まえて判断される」(傍線は筆者)とされた。まだ課題は残るものの、「現実的な危険」という一定の基準が初めて示されたことは一歩前進と言える。

**【⑥「参与員制度が機能していない」との指摘】**

さらに指摘されるのが難民審査参与員制度の欠陥である。参与員制度は二〇〇五年から設けられ、第一次審査で法務大臣から不認定処分を受けた申請者からの不服(異議)申し立てを、法律や国際情勢に関する学識経験を有する人が第三者的な立場から三人一組で審理を行い、第一審の判断が妥当だったか判断するものである(筆者も二〇二一年二月以来、参与員の一人である)。二〇〇四年までは第一審も第二審も全て入管局職員が行っていたのに比べると制度的には大きな進展であったが、依然として問題点が主に三つ指摘されている。

一つ目は、参与員の意見には法的拘束力が無いということである。参与員が「第一審の法務大臣の難民不認定処分は妥当ではなく、難民認定されるべき」という意見を出しても、法務大臣はそれに従う法的義務は無い。二〇一六年以降は、参与員の多数(つまり三人のうち二人以上)が認定意見を出した際にそれを法務大臣が覆したことはないとされるが、この運用が今後も継続する保証は無い。

二番目の問題が、参与員の専門性に大きな差があることである。参与員制度の設立当初は三〇名程度で始まったが、二〇二三年末時点では一一〇名程度まで増加した。増加したこと自体は問題ではないが、難民認定審査に特化した専門的知見と経験を有する参与員は限られている。参与員に就いている方々は、確かに法律や国際情勢に詳しい学識経験者、元裁判官や検事、弁護士、元公務員が多く、各々の分野の専門家であることに間違いない。しかし難民認定審査とは、外国における未来の可能性を査定する極めて特殊な作業であり、世界各地の細かい情勢分析はもちろんのこと、諸外国での庇護判例や国際法についても精通していなければ務まらない。三人一組という仕組みで相互補完的な作用が生まれるという説明もあるが、やはり難民認定手続きという人命を預かる極めて特殊な行政判断を行うには、専門的な訓練を長年積む必要があろう。

最後の点が、参与員制度が法務省から独立していないという指摘である。参与員は法務大臣から非常勤公務員として任命され、事務局は入管庁の地方局が務めており、組織上は法務省の傘下にある。法務大臣や事務局職員から明示・暗示的に圧力を受けたようなことは少なくとも筆者は一度も無いが、組織的には確かに法務省から独立はしていない。また、人命を預かる重要な判定をする仕事が「非常勤」というのも適切ではない。上記のような問題から少なくとも他のG7諸国では、庇護審査を専門的に扱う独立行政審判所のような機関が設けられ、難民認定制度に特化した知見を有する専門家がフルタイムで、法的拘束力のある難民性判断の裁定を行っている。筆者は、そうした機関を日本でも設けることが妥当な時期に来ていると考えているが、「おわりに」で戻ってきたい。

以上、日本の難民認定率が著しく低いことについて、擁護する立場、批判する立場からの指摘を三点ずつ検討した。では話を戻して、日本への難民受け入れ政策のその後の展開を見ていこう。

## 第三国定住——二〇一〇年から

難民条約に基づく「待ち受け方式」での難民受け入れとは対照的な「連れて来る方式」、つまり第三国定住での日本への難民受け入れも二〇一〇年から実施されている。二〇〇八年一二月の閣議了解において、タイで一時庇護されているミャンマー出身者のうちＵＮＨＣＲに難民と認められた人で「日本社会への適応能力があって、生活を営むに足りる職に就くことが見込まれる者」を年間約三〇人、「定住者」として日本に受け入れる政策が定められた。これに従い、二〇〇九年の準備期間を経て、二〇一〇年から実際の受け入れが始まった。当初は三年間のパイロット事業であったが二年間延長され、さらに二〇一五年からは時限無しの(半)永続プログラムとなり、対象もマレーシアに滞在しているミャンマー出身者にも広げられた。

さらに二〇一九年には、プログラムの対象を「アジアに滞在している難民を年間六〇人」に拡大することも決められた。新型コロナウィルス感染症対策のために国境が閉ざされていた二〇二〇年、二〇二一年には一時中断したが、二〇二二年前半に六人、後半に二九人、二〇二三年前半に二一人が来日し、二〇二三年八月末時点で合計二五〇人(九〇世帯)が一般市民として日本各地で生活し始めている。今後は原則的に毎年六〇人前後が年に二回に分かれて来日し、

表 4-2　日本への第三国定住難民の入国者数と国内定住地(2023 年 8 月)

| | 来日年 | 入国者数・世帯 | 当初の定住地 |
|---|---|---|---|
| 第 1 陣 | 2010 年 | 5 世帯 27 名 | 三重県鈴鹿市，千葉県東金市 |
| 第 2 陣 | 2011 年 | 4 世帯 18 名 | 埼玉県三郷市 |
| 第 3 陣 | 2012 年 | 辞退 | ― |
| 第 4 陣 | 2013 年 | 4 世帯 18 名 | 埼玉県春日部市 |
| 第 5 陣 | 2014 年 | 5 世帯 23 名 | 千葉県千葉市 |
| 第 6 陣 | 2015 年 | 6 世帯 19 名 | 千葉県千葉市 |
| 第 7 陣 | 2016 年 | 7 世帯 18 名 | 千葉県千葉市 |
| 第 8 陣 | 2017 年 | 8 世帯 29 名 | 広島県呉市，神奈川県藤沢市 |
| 第 9 陣 | 2018 年 | 5 世帯 22 名 | 兵庫県神戸市 |
| 第 10 陣 | 2019 年 | 6 世帯 20 名 | 愛知県名古屋市，同春日井市 |
| 第 11 陣 | 2022 年(春) | 4 世帯 6 名 | 神奈川県横浜市，同藤沢市 |
| 第 12 陣 | 2022 年(秋) | 16 世帯 29 名 | 埼玉県草加市 |
| 第 13 陣 | 2023 年(春) | 20 世帯 21 名 | (未公表) |

出典：難民事業本部 HP および外務省資料

日本での定住に向けた生活を始めるものと思われる。二〇二三年八月末までの各陣の来日時期と受け入れ数、当初の定住地は表4-2の通りである。

この年間受け入れ規模(三〇〜六〇人)は、第三章で見た代表的な第三国定住実施国が通常、年間数千〜数万単位で受け入れていることと比較すると、極めて少数である(図3-1参照)。また第六章でみる通り、北欧諸国では毎年一定数が、身体障碍者やトラウマを抱えた人、末期・重病患者、多くの子どもを抱えるシングルマザー世帯などといった「特に脆弱な難民」の受け入れ枠として確保されている。それに対し、日本政府が設定している「日本社会への適応能力があって、生活を営むに足りる職に就くことが見込まれる者」という条件は、人道的な観点からは議論の余地が大いにある。とは言え、そもそも国際法上の義務ではない（まだ日本国外にいる）難民をわざわざ「連れて来る」受け入れ政策に日本政府が自発的に乗り出したこと、またその対象や規模も徐々に拡大され続けていることについては、一定の肯定的な評価が可能であろう。さらに、本書では詳しく触れないが、日本の政策決定に影響を受けて韓国も二〇一五年から試行ベースでの第三国定住難民受け入れを開始したことは、アジア地域における日本のリーダーシップという意味で特筆に値する。

もう一点、表4-1から読み取れるのは、日本への第三国定住難民受け入れ数は、「待ち受け方式」での難民認定者数も極めて少数であることも手伝って、二〇一〇年から二〇一九年の間は双方の数がほぼ拮抗する傾向となっていたことである。つまり、「待ち受け方式」と「連れて来る方式」が占めるウエイトがほぼ同じ時期があった。にもかかわらず、第三国定住については一般的な周知がほぼ図られておらず、その成果や問題点についてもほとんど議論されていない。そこで以下では、第三国定住難民は具体的にどのようなプロセスを経て日本での定住生活を始めるのか、少し詳しく紹介したい（図4-3）。

日本への第三国定住プロセスも少しずつ変更されてきたが、ミャンマー出身難民の日本への定住プロセスの典型例は以下の通りである。

まず、日本行きの難民候補になるには、タイ滞在中の難民の場合はタイ政府とＵＮＨＣＲに

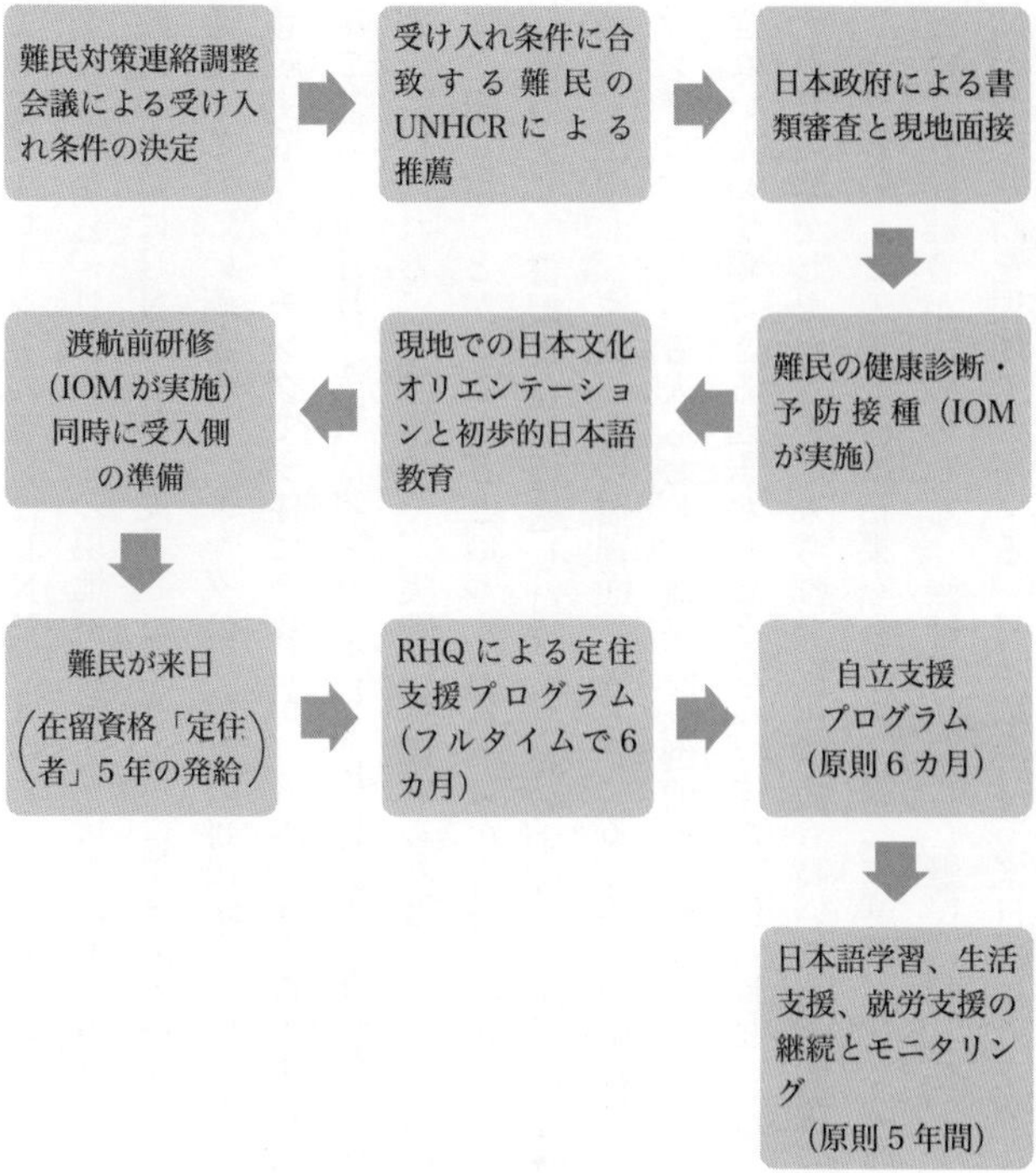


**図 4-3**　日本への難民の第三国定住プロセス
出典：UNHCR，IOM，内閣官房資料などより筆者作成

よって、マレーシアの場合はＵＮＨＣＲによって正式に登録されている必要がある。その登録難民の中から、ＵＮＨＣＲの現地事務所が、日本に第三国定住したい難民を募ると共に、日本政府が事前にＵＮＨＣＲに提示している日本に第三国定住するための諸要件に合致する難民を選出する。この両者のマッチングは、前者の難民が少ないほど、また後者の条件が厳しいほど難航する。マッチングで要件に合致しかつ日本行きを希望する候補者一人一人の基本的身分事項（名前や生年月日、性別、民族など）をＵＮＨＣＲが日本政府に提出し、第一次選考となる書類審査が行われる。この段階で、実際にはほぼあり得ないが、仮に以前来日していた時に重大犯罪を犯したことがあるなどといった人は対象から外される。

その上で、書類審査を通過した難民を面接するために、日本政府（やＲＨＱ）の職員数名が現地まで出張し、家族ごとの個別面談を実施する。難民の中には、アクセスの大変悪い僻地のキャンプに住んでいる人もおり、難民の圧倒的大多数は（少なくともその時点では）日本語は理解できないため信頼できる通訳が必要となる。また「何月何日の何時にどこそこに来てください」という連絡をしただけでは来られない可能性も高いため、面接のアレンジはＩＯＭが代行することが多い。この現地面接結果をもとに、第二次選考として関連省庁や関連機関が協議を行い、仮の来日候補者が決められる。候補者になった難民に対して、ＩＯＭの職員であるプロの医師団が健康診断を現地で実施する。日本政府は、来日後に自立した生計を立てられる見込みがあるという要件を設定しており、ある程度健康でなくてはならない。加えて、長年難民キャンプや不安定な避難生活を余儀なくされた人たちも多く、感染症などに罹患している人が一般の旅客機で海外渡航しては公衆衛生上も大問題となるため、包括的で精密な渡航前健康診断を実施することは、重要なプロセスである。

第三次選考ともいえるこの健康診断を通過した難民は、来日約一カ月前から、現地で約二〜三週間に及ぶ「日本文化オリエンテーション」と初歩的な日本語研修を受ける。例えばクアラルンプール周辺で大都市での生活に慣れている難民は、日本の映像を見たことがあるかもしれないが、僻地にあるキャンプで数十年も暮らしている難民はATMなど使ったことがない者も多い。よって、成田空港に到着する前に少しでも日本の文化、生活様式、日本語に慣れてカルチャーショックをできるだけ軽減することが重要である。またキャンプ生活を余儀なくされた難民の多くにとっては飛行機に乗るのも洋式トイレを使うのも初めてであるため、渡航前オリエンテーションも重要な準備の一部となる。

この研修を受けている間に、IOMが一人一人の難民の渡航文書を準備する。難民の中にはパスポートはもちろん、何の身分証明書も持っていない人も多いため、UNHCRのデータベースを基に、日本の現地大使館が臨時渡航証明書と査証を発給する。また第一次庇護国政府によっては、難民がキャンプや現住所から移動することを厳しく制限している場合もあるため、

図4-4　第三国定住難民第一陣の成田空港到着時の様子(2010年9月28日，右端は筆者)
出典：UNHCR提供(© UNHCR/S. Miyazawa)

ＩＯＭが代行してタイやマレーシアから合法的に出国できるようアレンジする。さらに、航空会社や空港当局、日本側での受け入れ組織（現在はＲＨＱ）との細かい協議や調整を経て、来日の日時と便名が決められる。そして、現地（バンコクやクアラルンプール）の国際空港を出る直前までＩＯＭの医師による健康状態のチェックを経て、また必要な場合はＩＯＭ職員が難民に同行して飛行機に搭乗し機内でのアシストや通訳を務めて、日本の国際空港に到着する（図4-4）。

既に日本の入管職員とは調整がついているため、到着時の入国審査の段階で全ての第三国定住難民に「定住者五年」という在留カードが発行される。空港からは、ＲＨＱがアレンジしたバスに乗って都心にある仮住まいに向かい、翌日から約六カ月間の定住支援プログラムが開始する。そこでは、五七二授業時限の日本語教育と一二〇授業時限の生活ガイダンス（一授業時限は四五分）を受け、同年の九月ないし翌年の四月から、大人は想定としては「自立した市民」として就労を開始し、学齢期にある子どもは定住先の地元の公立学校に通えるよう様々な準備と訓練を積む。当然六カ月間の日本語研修だけでは特に大人は日本語を習得できず、日本での勤労生活に慣れるのも困難であるため、原則的に向こう五年間は、日本語学習、生活支援、就労支援が、地域定住支援員など地方自治体や地域住民の力も借りつつ様々な形で継続される。

筆者が知る限りでは圧倒的大多数の成人難民が職に就いて自立し、一般市民としての義務と権利を果たしており、中学生・高校生で来日した子どもで大学(院)進学まで果たした者もいる。日本に第三国定住した難民の就労率は国際比較すると極めて高いが、この点については第五章で再度検討したい。

## 留学生としての受け入れ――二〇一六年から

日本への難民受け入れの第四フェーズと言えるのが、留学生としての受け入れである。「シリア難民危機」に対する世界的な注目を受け、二〇一六年五月二六・二七日に日本で開催された伊勢志摩G7サミットでは、議長兼ホスト国である日本政府も何らかの新たな措置を発表せざるを得なくなった。そこでサミット開催前一週間という直前に、向こう五年間で最大一五〇名のシリア人を大学院レベルの留学生として受け入れることが決定された。

内訳は二つのルートに分かれており、一方は、独立行政法人国際協力機構(JICA)が日本政府による出資に基づき毎年二〇名、日本の大学院に修士課程の学生として家族（配偶者ないし子ども）と共に受け入れるというプログラムである。対象者は、既に学部を卒業していてヨルダンかレバノンに逃れ、UNHCRに難民として登録ないし認知されている二二〜三九歳のシリア人に限られている。もう一方は、文部科学省が実施する国費留学生制度を利用して毎年最大一〇名（難民という要件は無い）を五年間にわたって受け入れるルートである。基本的に来日後一年は日本語研修を受けた上で二年目・三年目に大学院に通うこととなっており、二〇一七年から二〇二三年末までの間に計一二七名（帯同家族は除く）が来日した。なお、JICAの方は「シリア平和への架け橋・人材育成プログラム」（JISR　JISRはアラビア語で「架け橋」）と呼ばれ、規模を縮小した形で延長されている。彼らは最低でも学士号は既に取得していて、かつ英語が話せることが要件となっているため、かなりのエリートと言える。実際に筆者も、そのうちの数名を東京外国語大学の院生として教えたことがあるが、非常に優秀な若者ばかりが選りすぐられていることを実感した。

さらにJISRの成果と教訓を踏まえ二〇二三年には、シリア出身者に限定しない類似プログラム「避難民未来への架け橋教育イニシアチブ」（JIEP）が発表された。これはミャンマーやアフガニスタンなどでの政変を受け、就学機会が奪われた若者を向こう五年間最大で一〇〇名、日本の大学に留学生として受け入れて高等教育の機会を保障し、本国での情勢安定後に各出身国の成長に貢献しつつ日本との架け橋となる「人材」を育成することを目指している。第一陣はミャンマー出身者数名が予定されているという。

これらの公的プログラムと並行する形で、民間主導の受け入れも進んできた。認定NPO法人「難民支援協会」(JAR)が、日本国際基督教大学財団と世界宗教者平和会議日本委員会の共同事業として、トルコにいるシリア難民を留学生として受け入れる事業に取り組んできた。二〇一六年から二〇二一年までに三一名のシリア人の若者を宮城、千葉、東京、京都、沖縄の日本語学校や大学に入学させることを果たし、この事業は二〇二二年度以降、関連団体Pathways Japanの「高等教育支援事業」として引き継がれている。

このようにJICAやNGOが主導的な役割を果たす形で難民を留学生として日本に受け入れたのは、第三章で見た「難民以外の立場での受け入れ」と軌を一にする画期的な取り組みである。その一方でいくつかの課題もあり、ここではJICAプログラムに特化して三点指摘したい。

一点目は、このプログラムの玉虫色的性格である。要件としてはUNHCRによって難民と確認されている者だが、日本政府は「難民」としてではなくあくまでも「留学生」としての受け入れとしており、さらには第三章で見た「Complementary pathways」でもないという見解すらある。また筆者が出会ったJISR生自身も(アラビア語で「難民」が持つニュアンスもあってか)「自分は難民ではない」と強く主張する院生もいた。このような多面性は時に柔軟な対応を可能にするかもしれないが、弊害としては、大学院を卒業した後の法的地位という意味での出口戦略において、当事者を含む関係者間で統一的見解を得るのが困難になったのではないか。

二点目は既に第三章でも指摘した通り、受け入れ対象者はシリア人の若者のうち選りすぐりのエリートだけということである。もちろん、紛争や避難生活によって学業を継続することが困難になった優秀なシリアの若者に教育の機会が与えられること自体は素晴らしい。しかし難民保護とは、本国における「迫害のおそれ」があるため、しかも特に脆弱な立場に置かれた人々を優先的に受け入れるのが、本来の趣旨である。受け入れ対象者の学歴、語学力、健康状態などは本質的に無関係のはずである。日本の高等教育機関や日本社会に都合のよい元気で優秀な中東の「人材」をごく少数だけ受け入れるのは人道よりも国益を重視した施策である。JISRプログラムと並行して、極めて脆弱なシリア難民の第三国定住が検討された形跡すら見当たらないのは極めて残念である。

三点目の課題は、JISR生側と雇用主側の双方の期待値の擦り合わせである。JISR生は上述の通りエリートとして日本政府から奨学金を得て来日しており、シリアの復興や日＝シリアの架け橋として貢献するという強い使命感もあるため、大学院修了後の職務内容に一定のこだわりがある。他方で、日本企業はDEI(多様性・公平性・包摂性)に概念としては触れ始めていても、実際の雇用となると日本語力とコミュニケーション、日本の商文化、暗黙の社会上のルールを既に習得している「人材」を求める傾向が強く、ＪＩＳＲ生の就職活動は難航したと聞く。関係者の献身的な努力もあり、結果的には修了生のうち八〇％が日本で就職という驚異的な成功を収めているが、今後は日本企業側からの真の意味でのＤＥＩ精神の実践が望まれる。

## アフガニスタン現地職員の退避――二〇二一年から

二〇二一年八月、アフガニスタン全土が瞬く間にタリバンに制圧され、八月一五日に首都カブールも陥落した。約二〇年間アフガニスタンの国家再建に取り組んできた様々な外国勢力、例えば国際治安支援部隊（ＩＳＡＦ）に派遣されていた各国軍隊、大使館、開発援助機関、人道支援機関、ＮＧＯ・ＮＰＯ、メディアなどが緊急撤退を余儀なくされた。

既に第三章で見た通り、現地職員の退避にある程度の経験がある国や現地に軍を派兵していた国は、今までの知見と軍事力を用いて現地職員の大規模な退避オペレーションを速やかに実行できたが、日本にはそのいずれも無く出遅れた。既に米軍の撤退は同年五月から始まっており、現地で活動する日本のＮＧＯからは二〇二一年の前半にも、日本政府に対し情勢の緊迫と現地職員退避の準備を内々に警告・要請していたと聞くが、その切実な声が届くことはなかった。関係者からの公式・非公式の情報を踏まえると、当初は日本人職員（あるいは最大でも現職の現地大使館員とその直近家族）の短期的避難しか念頭になかったようである。

しかし、諸外国が軒並み数千・数万人の（元）現地職員とその家族を大規模かつ大胆に退避させている実情に煽られたのか、アフガニスタンに残っていた邦人の保護と併せて、在カブール日本大使館とＪＩＣＡで現職として働いていた現地職員とその直近家族、ＪＩＣＡ研修プログラムの枠組みで日本の大学に留学予定であった者など、あわせて約五〇〇名（以下「政府退避対象者」と呼ぶ）を退避させることが決められた。その政策決定過程の詳細は明らかではないが、遅くとも八月二三日の国家安全保障会議で（当時の）自衛隊法第八四条の四に基づいて航空自衛隊（人員二六〇名と自衛隊機計四機）の派遣が決定されるまでの間に、対象者が確定したものと推察される。

計画では、政府退避対象者のアフガニスタン人をバス二七台に分乗させてカブール空港に向かい、自衛隊機は隣国パキスタンのイスラマバード国際空港を拠点に、カブール空港との間でピストン輸送するはずであった。しかし、二六日カブール空港近辺で爆発・銃撃テロが発生し、計画は頓挫。結局、日本人ジャーナリスト一名を退避させただけで、自衛隊派遣部隊は日本に帰国した。政府退避対象者はその後約二カ月間に五月雨式に、日本政府の要請を受けてカタール政府が手配した民間機でカタールに、あるいは自力で陸路で近隣国（主にイランかパキスタン）

に出国し、現地の日本大使館で査証発給と航空券手配を受けて来日した。何とか来日を果たした政府退避対象者の数は公表されていないが、種々の情報を総合的に判断すると四〇〇名強と推察される。

このアフガニスタン人現地退避オペレーションは、当時の自衛隊法上の制約、タリバンとの困難な交渉、現地情勢の急展開など、日本の中央省庁の政策決定者・執行者の責に帰すべきでない課題も多々あった。また自衛隊法（第八四条の四）はその翌年四月に改正され、少なくとも在外公館と独立行政法人（ＪＩＣＡとＪＥＴＲＯ）の現地職員とその直近家族は、日本人同乗者がいない場合でも自衛隊機で輸送できることとなった。この点は一歩前進とも言える。しかし、そのような不可抗力や外的要因、国内法の不備とは一切無関係に、当時の政策決定者が執行し得た範疇で、大きな問題が三つあった。

一つ目が、退避対象者の範囲が余りに狭すぎるという点である。退避対象者は「政府退避対象者」と「民間招聘者」の二グループに大別できる。まず政府退避対象者となるには、二〇二一年八月現在で有効な雇用契約を日本大使館ないしＪＩＣＡと持っていた現地職員とその配偶者か子ども、という要件が設けられた。つまり、たとえ大使館やＪＩＣＡで対外的に目立つ要職に長年就いていた者でも、雇用契約が二〇二一年七月以前で切れていた者は全員排除された。またＮＧＯ職員は本人のみが対象とされ、現職であったとしても家族の帯同は一切不可とされた。要するに乳幼児がいたとしても「自分が助かりたければ家族は全員見捨てて来い」と言われたのである。当然ながら、家族がいるNGO職員は政府退避プログラムに参加することを断念した。

政府退避対象から漏れた者は、元雇用主や同僚である日本のNGO関係者や以前日本に留学していた時の指導教員・大学関係者など民間の支援で来日しており、ここでは「民間招聘者」と呼ぶ。彼らには政府退避対象者よりもさらに厳しい来日要件が課された。既にアフガニスタンの治安は崩壊しており、自力で隣国に脱出しなければならなかったのは日本政府の責に帰すべき問題ではない。しかし自力で隣国に逃れた後で、現地の日本在外公館（例えば在テヘラン日本大使館や在イスラマバード日本大使館）に助けを求めた際にも、以下の全要件を整えた上で査証申請するよう要求された。これらの要件は、二〇二一年八月から一一月にかけてゴールポストを移動するかのように徐々に厳格化されたが、最終版を整理すると以下の通りである。

①長期にわたり日本での生活経費支弁能力のある日本在住日本人の身元保証人（アフガニスタン人家族全員の向こう一〇年間分の生活経費に相当する額の財産証明書の提出を求められた保証人もいる）

②退避希望者全員の有効なパスポート（言い換えれば、タリバンから迫害のおそれがある者に、タリバンからパスポートを発行してもらえという要求）

③日本との関係があることによって迫害のおそれがあるという供述書（日本語ないし英語）
④日本における新たな雇用主か受け入れ機関（日本語学校など）の確保と、それに基づく在留資格認定証明書

　これら全ての要件を来日前の査証申請の段階で満たすことが、命からがら隣国へ逃れアフガニスタンへの送還のおそれに日々おびえつつ暮らす（元）現地職員にとってほぼ不可能であることは、外務省も十分承知の上と思われ、とにかく「アフガニスタン人の来日をできる限り阻止する」という強い意思が読み取れる。これらの条件がいかに非人道的で理不尽かは、第三章で挙げた諸外国の退避要件一覧（表3-2）と比較すれば一目瞭然であるが、それに加えて、次項でみるウクライナ（避）難民のための日本政府自身による極めて寛容・寛大かつ迅速な受け入れと比較しても、明らかに非合理で差別的である。二〇二一年八月と二〇二二年三月の間に関係法令の改正は無く、日本と繋がりのないウクライナ人には簡単にできたことを、長年日本のために働いたアフガニスタン人には拒んだのであった。

　それでも過去二〇年アフガニスタンで活躍した日本のNGOや日本の大学人たちの底力は凄まじく、上記の四要件を満たした上で、二〇二二年末時点で四〇〇人を超えるアフガニスタン人（元）現地職員とその家族、あるいは元留学生とその家族の来日を実現させた。来日前の査証申請や来日後も物心両面でアフガニスタン退避者を支え続けている日本人たちは異口同音に以

下の通り言う。

「元同僚なんだから当たり前」。

「自分が日本に無事に帰って来て幸せに暮らせているのは、アフガニスタンで彼らが守ってくれたおかげだから」。

「既に直接知っている信頼している人だから、迷いは一切無かった」。

「元教え子が死にそうになっているのを放っておくわけにはいかない」。

「日本政府の無責任さ・非人道さに対する怒りの表明として徹底的に支援している」。

問題の二点目は、大使館やJICAで勤務した現地職員と、NGO現地職員や元留学生であるアフガニスタン人の間で引かれた明確かつ太い「線」である。そもそも退避の理由は、外国勢力のために働いたり、外国と関係があるためにタリバンから裏切り者と見なされ迫害を受けるおそれがあるからであり、タリバンが大使館員、JICA職員、NGO職員、元留学生の間で区別するわけではない。タリバンや現地の過激派にとっては、「官か民か」ではなく「外国勢力の一味かどうか」の線引きでしかない。

外務省は長年「顔の見える国際協力」というスローガンの下、多くの日本のNGOや民間団体と有機的な連携関係を組みつつ海外で大規模な国際協力事業を展開してきた。アフガニスタンにおいてもしかりである。実際何人の現地職員がアフガニスタンで雇われていたのか公表されていないが、当初の政府退避対象者が家族を含め約五〇〇名であったこと、多くの場合契約は一年更新であることなどから推察すると、二〇年間の延べ数では数千人規模の現地職員が日本によるアフガニスタン支援に現地で協力してくれた可能性がある。確かに、当初派遣された自衛隊機を使っての直接退避オペレーションにおいては、治安の問題や輸送機の収容定員などもあり、全員をアフガニスタンから直接救出することは困難だったかもしれない。しかし自力で隣国に脱出して日本の在外公館に助けを求めた元大使館・ＪＩＣＡ職員や現職のＮＧＯ現地職員に対しても、日本政府は通常の短期滞在査証発給要件よりもハードルの高い条件をわざわざ新規に創り出して要求したのである。都合の良い時だけ「ＮＧＯとの連携」や「顔の見える国際協力」、「人間の安全保障」を唱え、緊急事態での人命救助では平時よりもさらに排他的になることが、人道を重んじる先進ドナー国として責任ある政策と言えるのだろうか。

三点目の問題が来日後の扱い、特に難民認定申請の阻止や帰国の強要である。民間招聘者のための身元保証人になった個人や組織のなかには、査証申請時に「来日後に難民申請させないですよね」と外務省員から言外に脅された人もいた。また、政府退避対象者として来日した大使館・ＪＩＣＡの現地職員は、来日後相当の期間、外部（外務省やＪＩＣＡ以外）の人と接触・連絡することを一切禁じられたという。表向きの理由は「安全やプライバシーの保護」だったらしいが、実際にはＮＧＯや弁護士と接触して難民認定申請されたら困るという思惑があったものと推察される。少なくとも当初は、政府退避対象者となるためには、大使館やJICAの事務所再開後にはアフガニスタンに帰国すると約束することが要件の一つとなっていた、とも漏れ聞こえる。また、来日後にも様々な理由をつけてアフガニスタンに帰国することを強く求めてきた外務省員もいると、複数の退避者が証言している。もし、迫害のおそれがあることを承知の上で難民認定申請を阻止あるいは帰国を強要したのであれば、極めて控えめに言っても世界人権宣言第一四条の「庇護を求める権利」を真っ向から否定したことになり、逆にアフガニスタン現地情勢が読めていないとしたら、外務省としての情報収集・分析能力が疑問視されかねない。

いずれにせよ、政府退避対象者のうち元大使館員は来日から約一年間は外務省との名目上の雇用契約が続いていたが、二〇二二年八月に難民認定申請を許され、家族を含む申請者九八名が法務省によって数週間で難民認定された。また、JICA職員とその家族(計一一四人)も、退避から最長で約二年後の二〇二三年七月に難民認定されている。政府退避対象者のうち何名が帰国を余儀なくされたか、あるいは第三国に出国したか、公的な数値は公表されていないが、二〇二二年・二〇二三年の難民認定者数のうちアフガニスタン人が多いのは、これら政府退避対象者が難民認定申請を許され、また民間招聘者のなかにも難民認定された者がいるからである。これらの難民認定された人たちはそれぞれ、RHQによる通常の半年間の難民認定対象者プログラムに参加し、日本での自立へ向けた生活を始めている。

アフガニスタン現地職員の退避政策の失敗と非人道性については、外務省やJICAの中にも個人的には胸を痛めている人も多いだろう。刻一刻と迫る期限と予測不可能な緊急事態のなかで、ギリギリの折衝と妥協が退避政策立案の裏で展開されたと推察される。しかし結果的には、日本政府の非人道性はアフガニスタン人の間で広まり、「今後働くなら日本以外の組織で」という認識まで広まってしまったと聞く。特に政治情勢が不安定な「途上国」で日本が安全に国際協力活動を展開するには、優秀で信頼のおける現地職員の確保が必須であるのに、そのような（潜在的）現地職員に対して「日本の組織では働かないほうがよいですよ」と外務省自らが国際的に宣伝してしまったようなものである。これは明らかに日本の国益を損ねるものであり、現地職員の退避制度作りが急務である。この点については「おわりに」で戻ってきたい。

## ウクライナ（避）難民の積極的受け入れ——二〇二二年から

日本の庇護政策の第六フェーズが、ウクライナ（避）難民の受け入れである（第一章で見た通り、筆者は今般のロシアによる侵攻後にウクライナを逃れた人のうち、一部には条約難民の定義に合致する人もいるかもしれないが、多くはウクライナ政府の作為・不作為の失策による迫害のおそれではなく、ロシアによる攻撃やその副次的被害を逃れたいわゆる紛争避難民であると見ているため、「(避)難民」と表記する)。二〇二二年二月二四日、ロシアがウクライナ軍事侵攻を開始した。その後一週間も経たない三月二日、岸田文雄首相は、ウクライナ出身で周辺国に逃れた「避難民」を積極的に日本に受け入れることを表明した。その後瞬く間に、日本の従来の難民受け入れに類を見ない例外的な施策が極めて寛大かつ迅速に展開され始めた。

まず驚くべきが、来日要件である。通常ウクライナ人は来日するにあたってどのような滞在資格であれ日本での身元保証人が必要となるが、その要件が直ちに免除され、ウクライナからの避難目的で来日を希望する者は身元保証人無しで、かつ場合によってはパスポートが無くても代替の身分証明書の提示のみをもって、つまりほぼ無条件で短期滞在査証が、ウクライナ周辺国にある日本の在外公館によって発給された。前項のアフガニスタン現地職員の民間招聘者とは雲泥の差である。四月上旬にはワルシャワから日本政府専用機に搭乗して来日したウクライナ人も二〇名おり、さらに日本政府が民間旅客機の航空チケットを毎週一定数購入してウクライナ(避)難民に無償で提供している。

入国後すぐに一年間有効(更新可)で就労も可能な「特定活動」の在留資格に迅速かつ柔軟に変更され、すぐに住民登録、国民健康保険への加入、在留カードの発行が可能となっている。種々の行政手続きにアクセスしやすくするために「ウクライナ避難民であることの証明書」まで新たに製造された。ウクライナ（避）難民用ヘルプデスクや情報提供のためのウェブサイトが即時に設置され、ウクライナ語やロシア語で対応できるメンタルヘルス専門家も配備された。またウクライナ人への支援の申し出を受け付ける専用窓口も設置され、地方自治体や民間企業などから申し出のあった支援とのマッチングサービスも入管庁が行っている。ここまでは全て、身元保証人の有無に関わらず、ウクライナ（避）難民全員に提供される支援である。

さらに身元保証人がいない（避）難民に対しては、空港到着時から通訳や宿泊施設への移動手段が提供され、短期の一時滞在施設（ホテル）や中長期の家具付き集合住宅が必要に応じて提供されている。一時滞在施設では、食事、生活費（現金）、健康診断、医療、日本語教育、保育サービス、就労講習会、職業相談、通訳・翻訳機の提供、カウンセリング、行政手続きの援助、各種相談対応など、ありとあらゆる支援が全て無料つまり公費で提供されている。受け入れ自治体や企業が見つかった後は、原則的にこれらの支援は受け入れ先が引き継ぐこととなっているが、国による支援も柔軟に継続されている。

また、身元保証人が当初からいる（避）難民については、原則的には身元保証人が衣食住の提供など生活支援を行うことが前提である。しかし同時に、国や地方自治体によって医療、日本語教育、保育、学校教育、職業相談、通訳・翻訳機の提供、各種支援とのマッチングサービスなど、身元保証人がいない（避）難民と同様の側面支援がある。さらに、日本財団がウクライナ避難民支援基金（総額八五・八億円）を立ち上げ、身元保証人がいる（避）難民に対して、生活費（一人当たり年間一〇〇万円）、渡航費（一人当たり上限三〇万円）、住環境整備費（一戸当たり五〇万円）を提供している。加えて日本財団は、支援を実施する国内NPOへの助成金や日本語学校奨学金も提供している。これにより、身元保証人がいる（避）難民も、身元保証人がいない（避）難民と同様に極めて潤沢で手厚い支援が受けられるようになっている。

さらに、政府全体として「ウクライナ避難民対策連絡調整会議」と「ウクライナ避難民の対応に関するタスクフォース」を立ち上げ、法務省には「ウクライナ避難民受入れ支援対策本部」が、入管庁内には「ウクライナ避難民受入れ支援対策プロジェクトチーム」が、また地方入管には「ウクライナ避難民受入れ支援担当」が計六六カ所に配置され、さらに地方自治体への情報提供として全自治体向けオンライン説明会や個別相談を実施している。

上記は全て、ウクライナ（避）難民限定で新規に立ち上げられた政府主導の極めてきめ細やかな支援策である。加えて、多くの地方自治体もウクライナ（避）難民限定で公営住宅の提供や独自の支援を展開し、ウクライナ（避）難民限定の雇用を申し出る民間企業や、ウクライナ（避）難民限定の支援を申し出る日本語教室も多い。

このウクライナ（避）難民政策における大きな問題点は二つである。一つ目は既に明らかであろうが、ウクライナ（避）難民以外の（避）難民との待遇の歴然とした格差である。その差をより鮮明にするため、他の難民・避難民に対する日本政府の施策との比較を掲載したのが表４-３である。来日方法や在留資格などによって、本章で見てきた(避)難民の異なるグループ間で権利や資格・支援が階層化されていることだけでなく、ウクライナ(避)難民は条約難民よりも優遇されていることも明らかになる。

極めて不条理・非合法なロシアによる暴挙の被害に遭っているウクライナの市民に心を寄せることは当然である。また他のG７諸国との横並びや、ロシアは日本の隣国であるという地政学上の懸念、メディアや一般国民の高い関心、(避)難民の圧倒的大多数が女性や子ども、高齢者であることなど、ウクライナ(避)難民だけを優遇する正当化理由はいくらでも考え得る。さはさりながら、他の(避)難民への従来の日本の対応に厳格過ぎる部分があるため、ウクライナ(避)難民限定の支援策の寛容さ・寛大さ・迅速さ・柔軟さとの格差が余りにも大きい。法的に言えば、国際法上の「無差別原則」(より具体的には、人種差別撤廃条約第一・二条、自由権規約第二六条、難民条約第三条などの主旨)に抵触するおそれまである。ウクライナ(避)難民支援策は、官民問わず日本が「やろうと思えばここまでできる」ことを自ら実証したのであり、今後の庇護政策は全てウクライナ(避)難民を最低基準としなければならない。

問題の二点目が、身元保証人である。一般的に身元保証人とは親族や知人、受け入れ先機関(例えば学校や勤務先)が想定される。二〇二三年九月時点で約二五〇〇人のウクライナ(避)難民が来日し(うち数百名は帰国、ないし第三国に出国済み)、そのうち二〇〇〇人を超える者に身元保証人がおり、うち圧倒的大多数の身元保証人は、既に日本に住んでいた親族や知人であると推察される。しかし中には、ネット上で知り合った見ず知らずの日本人が身元保証人となっている場合もあり、来日後に様々な問題が報告されている。日本に避難したウクライナ人女性が、

権利・資格・支援の比較

| アフガニスタン現地職員(政府退避対象者) | アフガニスタン現地職員(民間招聘者) | ウクライナ(避)難民 |
|---|---|---|
| 政府による支援あり | 完全に自力<br>ビザ取得は極めて困難(ほぼ不可能) | 政府による航空便手配<br>ビザ要件の大幅緩和 |
| 特定活動(当初6カ月,その後1年) | 特定活動,就学,教授など様々 | 特定活動(1年)<br>特別証明書あり |
| △ | ほとんど× | ◎(親兄弟も可) |
| ? | 在留資格による | 自由 |
| ◎ | ○ | ◎ |
| ◎ | ○ | ◎◎ |
| ◎ | ○ | ◎◎ |
| ◎ | ○ | ◎ |
| ◎ | △ | ◎◎ |
| ? | × | ◎◎ |
| 非該当 | 難民認定申請すれば可能性あり | (官民による特別支援あり) |

**表 4-3　日本における(避)難民の**

| 権利，資格，支援内容 | 庇護申請者(正規・非正規滞在含む) | 条約難民，インドシナ難民，第三国定住難民，補完的保護対象者 | 人道配慮による在留(特別)許可 |
|---|---|---|---|
| 来日方法 | 完全に自力<br>ビザ取得は困難 | 条約難民，補完的保護対象者：完全に自力<br>第三国定住難民：第一次庇護国からは政府負担 | 完全に自力 |
| 在留資格 | 正規：特定活動<br>非正規：無し(仮滞在，収容，仮放免) | 定住者(現在は5年更新)<br>条約難民は帰化の要件緩和 | 特定活動(通常1年更新) |
| 家族呼び寄せの可否 | × | ○(配偶者と子どものみ) | △ |
| 出入国の可否 | × | 条約難民：難民渡航証<br>その他：再入国許可書 | 再入国許可書 |
| 国民健康保険への加入 | 正規：○<br>非正規：× | ◎ | ○ |
| 就労 | 正規：○ △<br>非正規：× | ◎ | ○ |
| 公営住宅への入居 | 正規：△<br>非正規：× | ◎ | ○ |
| 児童の就学の権利 | ○ | ◎ | ○ |
| 生活保護・生活費の補助 | × | ◎ | △ |
| 公的定住支援(日本語教育など) | × | ◎ | × |
| 保護費と緊急避難住居(RHQ) | ○ | 非該当 | 非該当 |

出典：筆者作成
注：×＝(その権利や支援に)アクセス不可　△＝アクセスは禁じられてはいないが実際には極めて困難　○＝法律上は認められているが享受する上での公的サポート無し　◎＝享受する上での公的サポートあり　◎◎＝特定の国(ウクライナ)の出身者に限定

身元保証人となった日本人男性からの性被害を訴えるケースまで出てきている。上記の通りウクライナ（避）難民は身元保証人がいなくても来日が許されているため、このような深刻なケースはごく少数であるはずだが、誰でもほぼ査定無しに身元保証人になれるというのは性善説に立ちすぎていないだろうか。今後日本でも「民間スポンサーシップ」が広まる可能性も視野にいれ、第三章でみたカナダのように、身元保証人となる個人や団体の査定や事前研修が、一定程度は必要と思われる。

# 第五章　難民は社会にとって「問題」なのか

人の強制移住はしばしば難民「問題」として議論される。その含意の一つは「難民状態は社会において解決されるべき問題」という見方であろう。確かに難民が発生するのは迫害によるもので、そのプロセスや結果も往々にして悲惨な艱難を伴うものであるため、できる限り防ぎ、対応しなくてはならない。また、主権国家からなる現在の国際社会においては、人はいずれかの国家に所属していた方が人権を享受しやすいという現実がある。と同時に、人類の歴史からみれば人は常に移動し続けてきたのであり、主権国家体制が確立し始めたのもわずか四〇〇年ほど前のことである。移動する民にとっては、むしろ国境や主権国家体制の方が「問題」と映るだろう。

もう一つ別の含意は、「難民を受け入れることで様々な問題が発生する」という懸念と思われる。特に近年、「難民を受け入れると犯罪が増える」とか「難民を受け入れることで多大な財政負担がかかる」といった言説が世界各地で広まっている。しかし、このような見方は必ずしも科学的なデータや統計に基づくものではない。本章では、第1節で難民と犯罪の関係について、第2節で難民を受け入れることに伴う受入国側の財政負担について、主に日本のデータを中心に検討してみたい。

## 難民はそもそも「エリート」

本論に入る前に、一つ紹介しておきたいのが「難民はそもそもエリートが多い」という視点である。第一章で見た通り、難民の定義の中核的要件は、政治的意見などによって迫害されるおそれがあることである。政治的意見を持ち、それを政府当局やその他の権力者などが脅威と感じる程度に表明するには、ある程度の教育や社会的影響力を持っていなければできない。実際、難民のなかには本国で反政府系ジャーナリストや(野党)政治家、人権運動家として活躍していた人が多く含まれる。例えば、筆者がイギリスで知り合ったエチオピア出身の難民は、もともと本国で検察官をしており、政府高官の汚職を捜査しようとしたために当局から命を狙われ、イギリスに逃れたのであった。またノーベル平和賞受賞者のマララ・ユスフザイ氏は、本国パキスタンで女子教育の重要性を訴えてタリバンから銃撃されたため、家族と共にイギリスに緊急搬送されたのであった(その後、彼女はオックスフォード大学の名門女子コレッジに通い二〇二

○年に卒業している）。

仮に彼らほどにずば抜けて優秀でなかったとしても、本国における迫害や人権侵害を安全に逃れるには、まず移動できる程度に健康であること、移動手段を確保するだけのお金があること、パスポートや査証の取得手続きを自分で行えること、合法的移動が難しい場合には密航業者を探し料金交渉する力があること、それら全てを兼ね備えていることが不可欠である。当局が厳しい情報規制を行っていたり、緊急事態で多くのフェイクニュースが飛び交うなかで、正しい情報だけを選び取り、自らの逃避行を計画し実行するだけの体力・知力・財力・精神力がある者だけが、本国の迫害を逃れ危険な旅路を完遂し外国に入って庇護を求めることができる。逆に言えば、最も脆弱な者、社会の底辺に置かれた者は往々にして本国での危険を逃れることができず、そのまま亡くなっていく、あるいはなんとかして国内で避難するのがやっと、というのが厳しい現実である。知識、健康、資金、精神面である程度の強者でないと難民にはなれない。世界における難民保護のシステムは、決して最も弱き者を救える仕組みには残念ながらなっていないのである。

## 1　難民と犯罪

難民条約には、不法入国したり不法滞在中の難民であっても、免罪されるという主旨の条文がある(第三一条)。本国を合法的に出国したかどうか、また他国に合法的に入国・滞在しているかどうかは、その人が庇護申請できるか否か、また難民性の判断において無関係ということは、既に第二章で見た。

と同時に難民条約では、一般的に言う「凶悪犯罪者」は難民の定義からそもそも除外される、あるいは仮に難民と認定されたとしても追放してよい、という主旨の規定が二種類ある。一方が除外条項、もう一方がノン・ルフールマン原則の例外である。ただしこれには以下で見る通り、他の国際条約によって様々な制約が追加されており、一部分だけを切り取って解釈し難民を追放したり送還したりするのは国際法違反となる。

### 難民の定義から除外される場合

まず、難民条約第一条Fの「除外条項」は、以下の通り規定している。

この条約は、次のいずれかに該当すると考えられる相当な理由がある者については、適用しない。

(a) 平和に対する犯罪、戦争犯罪及び人道に対する犯罪に関して規定する国際文書の定めるこれらの犯罪を行ったこと

(b) 難民として避難国に入国することが許可される前に避難国の外で重大な犯罪(政治犯罪を除く)を行ったこと

(c) 国際連合の目的及び原則に反する行為を行ったこと

このうち(a)の「戦争犯罪」と「人道に対する犯罪」については、国際人道法(例えば一九四九年のジュネーヴ諸条約や一九七七年の追加議定書)や国際刑事法、特に一九九八年に採択された「国際刑事裁判所に関するローマ規程」で明確な定義がある。一方で、「平和に対する犯罪」と(c)の「国連の目的及び原則に反する行為」については、国際的に統一された明確な規定は無い(ただしEU指令や各国内法を除く)。また、(b)の「重大な犯罪」という表現も不明瞭ではある。難民には、例えば本国の独裁者を批判したなどの「政治犯罪」で訴えられている者も含まれるため、「政治犯罪」については問わないのは論理的ではある。しかし、何をもって「重大な非政治犯罪」と言うのか明確ではない。

いずれにせよ、この規定は仮に他の難民の要件を全て満たす者、つまり本国で実際に迫害の危険が待ち受ける者であっても難民不認定処分にすることが可能な条文であるため、条約の主旨と目的に鑑みて、極めて限定的に解釈するのが適切である。また、この条文を発動するには難民認定を行う国側が、その庇護申請者が上記の罪を実際に犯したことを立証する必要があるため、除外条項が適用できる案件は実務上は極めて限られている。あえて例を挙げるならば、庇護申請者が希望する国にたどり着くために飛行機をハイジャックしたケースはあるが、歴史的にも数えるほどしかない。また、今後は国際刑事裁判所（ＩＣＣ）で有罪判決を受けた者が刑期を終えた後に難民認定申請しても、難民としては認められないケースが出て来ることも考えられる。

なお「除外条項」は、深刻な国際犯罪者が難民条約から裨益すること自体を防ぐことが目的とされ、国際的な難民保護レジームの正統性を維持するための条文と捉えられる。

## 難民の追放が許可される場合

難民条約にはもう二つ、受入国側の安全保障を理由に、仮に難民と認められた者でも追放や送還を認める別の規定がある。一つ目は難民条約第三二条で、以下の通り規定している。

1　締約国は、国の安全または公の秩序を理由とする場合を除くほか、合法的にその領域内にいる難民を追放してはならない

2　（手続き保障規定、省略）

3　締約国は、1の規定により追放されることとなる難民に対し、他の国への入国許可を求めるのに妥当と認められる期間の猶予を与える。締約国は、この期間中必要と認める国内措置をとることができる

要するに「（受入）国の安全または公の秩序」の維持のために、一定の条件や手続きを経た上で難民を別の国に追放してもよいという規定である。受入国側の治安維持という国益に配慮したものと思われる。しかし、具体的にどのような場合に受入国の治安にとって難民が脅威となると言えるのか明確な基準は無く、前項の除外条項と同様、条約の主旨と目的に鑑みて、極めて限定的に解釈するのが適切であろう。また追放先は本国ではなく第三国への出国が想定されていることにも、留意が必要である。

二つ目の規定は、第二章で少し触れたノン・ルフールマン原則の例外規定、難民条約第三三条2項である。

2　締約国にいる難民であって、当該締約国の安全にとって危険であると認めるに足りる相当な理由がある者または特に重大な犯罪について有罪の判決が確定し当該締約国の社会にとって危険な存在となった者は、1の規定〔ノン・ルフールマン原則〕による利益の享受を要求することができない

では具体的に、一体どのような事情だったら、その難民が受入国の安全にとって「危険であると認めるに足りる相当な理由がある」と言えるのか、またどのような犯罪だったら「特に重大な犯罪」と言え、受入国社会にとって「危険な存在となった」と断定できるのか。国際的に統一された基準は無く、各国でその解釈は異なっている。

要点だけをかいつまんで言えば、米国では、「他者を迫害したり、米国社会にとって危険であると司法長官が判断した者、または刑期一年以上で特に重大な犯罪を犯した者」とされている。オーストラリアでは、「オーストラリアの治安にとって危険、または特に重大な対人犯罪（実刑三年以上）を犯したためオーストラリア社会にとって危険であると法務大臣が判断した者」、ドイツでは「実刑三年以上の特に重大な犯罪を犯した者、または実刑一年以上の暴力による対人犯罪を犯した者で、ドイツの治安や市民にとって脅威である者」、イギリスでは「実刑一年以上の特に重大な犯罪を犯し、イギリス社会にとって危険であると法務大臣が判断する者」と

されている。カナダでは「カナダの治安や社会にとって危険であると法務大臣が認定した者」と不明瞭な国内法規定となっているが、通常の外国人(難民でない者、つまり本国に帰っても迫害のおそれが無い者)でも実刑一〇年以上の特に重大な犯罪を犯した者しか強制退去の対象とならない。よって、難民であればそれ以上に深刻な重大犯罪を犯した場合しか、強制退去処分とならないことが推察される。

ところで、上記ノン・ルフールマン原則の例外規定は、二〇二一年から交渉され二〇二三年六月に可決・成立した改正入管法にも、反映されることとなった。同法第六一条二の九第四項第二号では、合法的滞在資格を持たず且つ以下の要件を満たす難民認定申請者に対しては送還停止効を解除できる、という規定が新たに導入された。

「無期若しくは三年以上の拘禁刑に処せられた者(刑の全部の執行猶予の言渡しを受けた者又は刑の一部の執行猶予の言渡しを受けた者を除く。)又は第二四条第三号の二、第三号の三若しくは第四号オからカまでのいずれかに該当する者若しくはこれらのいずれかに該当すると疑うに足りる相当の理由がある者」

この条文を読んだだけでは瞬時には問題がわかりにくいのだが、第六一条と第二四条の条文を読み合わせるといわゆる「二重の疑い」になっている。つまり、「いわゆるテロ行為やそれを容易にする行為をするかもしれないと法務大臣によって疑われる人になるかもしれないと疑われる難民認定申請者」、平たく言えば「疑い」が二重にかかっていることにより、在留資格を持たない難民認定申請者は究極的にはほとんど誰でも、入管庁の裁量で送還停止効の解除が可能となってしまったのである。確かに、送還停止効の解除が即時に、危険が待ち受ける本国への送還実施に直結するとは限らない。しかし、この条文はまだ一回も審査が終わっていない難民認定申請者ですら対象となり得るため、在留資格を持たない申請者を大いに萎縮させる条文となってしまった。入管法改正案の審議中、一般的には「三回目以降の複数回申請者で、在留資格が無く、かつ新たな証拠などを提出できない者」に対して送還停止効が解除されることが、改正案の最大の問題点かのように報道され、また弁護士や支援団体の多くが、その点に批判の焦点をあてていた。しかしよく読めば、合法的な在留資格を持たない庇護申請者なら一回目の申請中でも、入管庁の広範な裁量で送還停止効を解除することを可能とする文言となっていたのである。

実は筆者はこの危険に気が付き、二〇二三年四月二一日の衆議院法務委員会で野党側の国会参考人として陳述し、他の修正案と共にこの条文は修正する必要があると訴えた。幸い、心と知識のある与野党議員が交渉・妥協して、与野党合意の修正案では上記の条文の最後の部分「若しくはこれらのいずれかに該当すると疑うに足りる相当の理由がある者」を削除することが合意された。しかし、改正案の他の部分の修正が不十分であるとした一部の弁護士や活動家が、立憲民主党などの野党議員に修正案には乗らないように強烈なプレッシャーをかけ、立憲民主党および社民党と共産党が修正案を拒否。与野党合意がとれていた修正案はほぼ全て白紙に戻り、結果的に第六一条二の九第四項第二号は上記の原案通りで法律が可決・成立している(より詳しい経緯は、筆者のForbes Japan解説記事「押し通された「改正入管法」の舞台裏　国会参考人が問う」(二〇二三年六月一三日)を参照頂きたい)。三回目どころではなく、一回目の難民申請者も在留資格が無い場合はほぼ全員が強制送還の対象となり得る条文になってしまったこと、そして当該条項は難民条約第三三条２項に違反する内容になってしまったことは、今でも非常に悔やまれる。

いずれにせよ、難民条約には幾重にも「危険な難民なら追放してよい」という主旨の条文が入っている。これは主権国家間で交渉され合意された国際条約が、国内の治安維持という国是を当然のこととしてしっかり勘案したものであることを示している。と同時に、難民条約が採択されて以降、他の国際条約、特に国際人権条約にもノン・ルフールマン原則と類似の機能を果たす規定が徐々に整備されてきた。次項で詳しく見る通り、難民条約上の規定よりも広い送還禁止範囲を設ける人権条約上の規定が、送還手続きにおいては安全弁として機能するという仕組みが出来上がっている。

## 難民条約以外の国際法における送還停止規定

いくつかの国際人権条約では例外の無いノン・ルフールマン原則が設けられている。第二章でも触れた点だが、より詳しく整理したい。代表的かつ明示的な規定として、「拷問及び他の残虐な、非人道的な又は品位を傷つける取扱い又は刑罰に関する条約」(いわゆる拷問等禁止条約、日本は一九九九年に加入)の第三条1項は以下の通りと定めている。

締約国は、いずれの者をも、その者に対する拷問が行われるおそれがあると信ずるに足りる実質的な根拠がある他の国へ追放し、送還し又は引き渡してはならない。

また「強制失踪からのすべての者の保護に関する国際条約」(いわゆる強制失踪条約、日本は二〇〇九年に批准、二〇一〇年に発効)の第一六条1項も以下の通り謳っている。

締約国は、ある者が強制失踪の対象とされるおそれがあると信ずるに足りる実質的な理由がある他の国へ当該者を追放し、若しくは送還し、又は当該者について犯罪人引渡しを行ってはならない。

したがって、少なくともこれらの人権条約の締約国(日本を含む)は、拷問や強制失踪のおそれがある本国にはいかなる場合でも、どんな凶悪犯罪を犯した人でも、外国籍者を送還してはならない。また日本が法的に拘束されるものではないが、一九五〇年に採択された欧州人権条約第三条も、「何人も、拷問または非人道的なもしくは品位を傷つける取扱いもしくは刑罰を受けない」と明記している。この条文にも例外規定は無く、よってどのような外国人でも上記の取り扱いや刑罰を受けるような国に絶対に送還してはならないという解釈が、多くの判例を通じて定着している。

ここで、難民条約上の「迫害」という概念と、拷問や強制失踪という概念を比べてみた場合、前者の方が広いと言える。したがって、上で見た難民条約上のノン・ルフールマン原則の例外規定の問題は、拷問や強制失踪のおそれは無いがそれ以外の重大な人権侵害に遭うおそれがある人のうち、どの程度「危険な人」を送還してもよいのかに限られることになる。全世界的規模で見ればごく少数にしか当てはまらない問題ではあるものの、国内における治安維持という国益と、外国人の人権保障・人道主義との間で、極めて困難な比較衡量判断が求められる。多くの庇護申請者を長年受け入れてきている欧米諸国では、「自国に市民として受け入れることも、本国に帰すこともできない外国人」について苦慮しており、やむを得ず長期収容、または監視措置付き仮釈放など様々な「収容代替措置」を採っている国もある。長期収容自体が人権侵害ではないかという指摘もあるが、一般的には「人権や人道を尊重しそう」なイメージがある国が必ずしも収容期間の上限を定めていない（そのかわり収容継続の是非に司法判断を入れている）のは、そのためである。

## 難民受け入れは「治安リスク」なのか

ここまでは法的な規定を見てきたが、それでは実際に難民はどの程度受入国にとって「危険な存在」となったことがあるのだろうか。統一的な定義や方法を使って全世界を網羅しつつ難民に特化した統計資料や分析は無い。そのため本項では、伝統的な移民受入国である米国とカナダ、そして移民・難民を近年特に多く受け入れたドイツとスウェーデンに関する近年の研究をいくつか紹介する。その上で、次項では日本の現状を概観したい。

その前提として、いくつか注意しておきたい事項がある。まず、犯罪といっても出入国関連法規に地元民が違反することは珍しいため、多くの研究では入管法違反は対象から除外されている。また一言で移民とか外国人といっても、中長期に在住する者のみに絞るか、短期滞在者（観光客など）も含めるのか、外国生まれの人だけに絞るのか、移民第二世代まで含めるのかによっても研究結果は大いに異なってくる。また、国籍で分けて分析するのも無意味である。なぜなら、国籍や市民権を取得したから突然犯罪を犯すあるいは犯さなくなるはずはなく、また多くの国では既に二重国籍が認められているからである。

さらに、一般的に移民には若い男性が多く含まれる傾向にあり、彼らと地方に住む高齢女性の犯罪率を比べても意味がないため、本来は年齢・性別・収入・教育レベルなどを全て加味して比較検討する必要がある。つまり、外国人だから罪を犯したと主張するには、他の全ての変数を統制した上で地元民と比較しなければ、科学的な証明にはならない。また外国出身者は、本国で受けた教育や持っている資格が受入国で認定されるとは限らず、差別的扱いとも相まって収入の低い仕事にしか就けず、地元民よりも貧困に陥る可能性は高い。さらに、犯罪とは認知・通報・登録・起訴される必要があり、移民が多く住む地域に警察が多く配置されれば当然犯罪の認知率も高くなる。加えて、犯罪の被害者は必ずしも地元民とは限らず、加害者も被害者も双方外国出身者というケースも考えられる。とりわけ被害者が非正規滞在中の移民である場合には犯罪が届け出られない可能性が高い。いずれにせよ、移民のうち非正規滞在者の数はどの国も正確な把握は難しいため、完璧な社会科学的分析は不可能である。

最後に、極端な人種差別的思想を持つ地元民による難民や移民に対するヘイトクライムは世界的に増加傾向にあるため、その意味では「移民が増えると（地元民による移民に対する）犯罪が増える」ことは数多く報告されており、極めて深刻な問題ではあるが、本項ではその研究は省く。

まず米国については、移民(外国生まれの人)一般については、既に多くの研究があり、移民の方が地元民よりも犯罪を行う可能性が低いという研究結果が長年にわたって繰り返し発表されている。また難民に限っていえば、移住政策研究所(MPI)が二〇一六年に発表した資料によると、二〇〇一年九月の同時多発テロから二〇一五年までに米国には約七八万四〇〇〇人の難民が第三国定住したが、そのうちテロ容疑で逮捕されたのは三名、うち二名は国内ではなく外国でのテロを企てていたとのことである。また二〇二三年にシンクタンクCATO Instituteが公表した詳細な分析によると、米国が多数のベトナム難民とキューバ難民を受け入れ始めた一九七五年から二〇二二年末までの間に、二一九名の外国生まれの「テロリスト」によって三〇四六人が米国内で死亡したとしている(同期間に米国で殺害された人の総数は約九六万人)。うち九八%が九・一一事件によるものである。上記の数字を基に確率にすると、外国人「テロリスト」によって米国内で殺害される確率は年間約四三四万分の一、難民によるテロ行為で殺害される確率は年間約三三億分の一、非正規移民によるテロ行為で殺害される確率はゼロとしている。外国人「テロリスト」以外の人に米国内で殺される確率の方が、外国人「テロリスト」に殺される確率より三一六倍高いと算出している(ただし何をもって「テロリスト」と呼ぶか、国際法上議論がある)。

次にカナダについては、都市部(つまり移民が集中する地域)での一九七六年から二〇一一年までの長期にわたる、移民と犯罪の関係に関するM・チョンの研究がある。それによると、移民全体（この研究の場合は、外国生まれの人と母語が英仏以外の言語の人の合計）の割合の増加と、犯罪率全体との間に相関関係は見られなかった。むしろ、移民の数が減った都市部で犯罪が増える、という傾向にあったという。ただしより詳しく見ると、カナダ在住歴がより短い移民の割合が多い都市部では暴力犯罪の割合が増え、また移民の出生地が多様になるほど財産犯罪（例えば窃盗）の割合が増える傾向が見られたという。カナダ滞在期間が短い移民は、言語能力の問題や本国での資格が認知されないこと、また差別などの理由から生計面で厳しい状態に置かれるために犯罪に走る可能性も指摘されている。

ドイツでは、二〇一四年までの公的統計はドイツ国籍の有無でしか集計されておらず、二〇一五年に初めて「移民」（EU域外で生まれた者としてドイツに入国した者）というカテゴリーが追加されたため、社会科学上意味のある長期にわたる研究が難しくなっている（巻末に掲載したT・フェルテスらの研究を参照）。とはいえM・ゲージッツとM・ウンゲラーが行った二〇一三年から二〇一七年までの研究によると、二〇一四年と二〇一五年に（避）難民や庇護申請者を受け入れた行政管区を見ると、犯罪率全体（ただし入管法違反を除く）は、継続的かつ大幅に下がり続けた。ただし同期間において薬物犯罪だけは微増傾向にあった。その上でより詳しく見ると、より多数の庇護申請者を受け入れた行政管区においてはドイツ国籍を有しない者による暴力犯罪が増える傾向が見られたという（人口一〇万人当たり二〇〇人の庇護申請者が増えるごとに二件の暴力犯罪が増加）。ただし、犯罪被害者も外国籍者であった可能性が指摘されている。また窃盗などの財産犯罪については、人口一〇万人当たり二〇〇人の庇護申請者が増えるごとにドイツ国籍を有しない被疑者が一名増加と分析されている。一方で、犯罪率の増加が最も顕著に見られたのは薬物犯罪で、特に多くの庇護申請者を受け入れた行政管区では、ドイツ国籍を持つ者と持たない者双方で薬物犯罪で逮捕される者が二・五％から四・二％増加したという。これらを総合すると、庇護申請者が一〇〇名増えるごとに犯罪率全体（薬物犯罪を含むが入管法違反は含まない）は〇・四％増加した、と結論づけられている。

最後にスウェーデンでは、二〇一七年の時点で人口に占める移民の割合は三三％であるが、五八％の犯罪被疑者は移民（この研究の場合は外国生まれの人と、親の少なくとも片方が外国生まれの人）というG・アダムソンの研究がある。一九八五年から二〇一七年で見ると、犯罪（殺人、強姦、強盗などの凶悪犯罪や窃盗などの財産犯罪を含むが入管法違反は省く）を移民が行うリスクは、地元民に比べ一・八倍から二・一倍の間で推移している。犯罪の種類によって、地元民、外国生まれの人、親の少なくとも一方が外国生まれの人の間で犯罪リスク率が複雑に変遷しており、紙幅の都合上全てを紹介できないが、近年は外国生まれの人（第一世代）による犯罪リスクが減る一方で、移民の子ども（第二世代）による犯罪リスクが増加傾向にあるという重要な指摘がある。

これは、移民の背景を持つ子どもがどのようにスウェーデン社会に受け入れられているのかを如実に反映するものであろう。ただし、当該研究では、移民の年齢、性別、教育レベル、収入などは一切統制されていないことに注意が必要である。また犯罪被疑者の中でいわゆる非正規移民の割合が増加傾向にあることも指摘されているものの、全体数が把握できないため正確な統計分析はできない。いずれにせよ、スウェーデンの近年の状況には憂慮すべき部分があり、第六章で戻ってきたい。

この通り、四カ国における最近の研究を紹介したが、各国で入手可能な統計資料や定義、分析方法が大きく異なっているため、難民を受け入れるのは実際に「治安リスク」なのかという問いに対して、全世界的な規模で断定的に回答することは不可能である。

## 日本における外国人犯罪

では、日本における難民の犯罪はどのような実情なのだろうか。政府が発表している公的統計資料には難民だけに特化したものは無いため、ここでは外国人一般(つまり日本国籍を有しない者)で見ていくこととする。

日本における「外国人犯罪」については、法務省が警察庁の統計に基づいて毎年発行している「犯罪白書」において、「来日外国人」と「その他の外国人」に分けて犯罪統計が発表されている。警察庁によれば、来日外国人とは、「定着居住者(永住者、永住者の配偶者等及び特別永住者)、在日米軍関係者及び在留資格不明の者以外の者をいう」と定義されており、特に近年はその圧倒的大多数が短期滞在者(その多くは外国人観光客)である。また「その他の外国人」、つまり永住者、永住者の配偶者等、特別永住者、在日米軍関係者及び在留資格不明の者に関する詳細なデータは公表されていない部分もあり、今後はこれらの者も含んだ詳細が公表されることが望ましい。

加えて、警察庁が用いる上記の概念と、入管庁が用いる概念が統一されていないため、分析がさらに煩雑になる。例えば、入管庁では「在留外国人」(一般的には九〇日以上の中長期の在留資格を持つ者)という概念が使われるが、警察庁に言う定着居住者(永住者、永住者の配偶者等及び特別永住者)は前者の一部でしかない。さらに二〇二〇年から二〇二二年は新型コロナウィルス感染症の水際対策で警察庁に言う「来日外国人」や入管庁に言う「短期滞在者」が激減したため、上記三年間を含めた長期の統制的分析が難しくなっている。これらの注意点を踏まえた上で、警察庁および入管庁の公表資料からは、以下の事実を読み取ることができる。

まず全体像としては、日本に入国・再入国あるいは中長期に滞在する外国人の数は、東日本大震災があった年の翌年である二〇一二年と新型コロナウィルス感染症の厳しい水際対策が実施されていた二〇二〇～二〇二二年を除けば、戦後明らかな増加傾向にある。例えば外国人の新規入国者数は、一九九〇年(三五〇万四四七〇人)から二〇一九年(三一一八万七一七九人)までの間に約一〇倍近くに、また中長期の在留外国人の数も一九九〇年(一〇五万三〇四一人、人口比〇・八五%)から二〇二二年(三〇七万五二一三人、人口比約二・四六%)の間に約三倍に、基本的には継続的に右肩上がりに増え続けた(図5-1)。

他方で警察庁の資料によると、一九九〇年から二〇二一年の外国人による刑法犯検挙人員数はほぼ横ばい、ないし二〇〇〇年代前半をピークに来日外国人およびその他の外国人、双方に減少傾向にある。例えば、二〇一九年(つまりコロナ禍前)の刑法犯検挙人員総数(一九万二六〇七人)に占める外国人比率は約五%であったが、同年の外国人入国者数の対総人口比率は約二四・七%であった(図5-2)。外国人入国者の圧倒的大多数は短期滞在者であり、「観光客は犯罪をするはずがない」と一般的には思われるかもしれないが、短期滞在許可が悪用される可能性はある。いずれにせよ、警察庁と入管庁の用いる概念に乖離があり、警察庁資料では在留資格別検挙人員数は公表されていないため、これ以上の精緻な分析は困難である。

次に、来日外国人による刑法犯検挙件数の罪名であるが、二〇二二年の構成比で多い順に、窃盗五九・一%、傷害・暴行一二・四%、詐欺七・五%、遺失物等横領四・一%、住居侵入二・六%、強制性交等・強制わいせつ二・五%、器物損壊一・九%、その他九・九%となっている。窃盗が約六割というのは継続的な傾向である。その上で、警察庁が「凶悪犯」と分類している殺

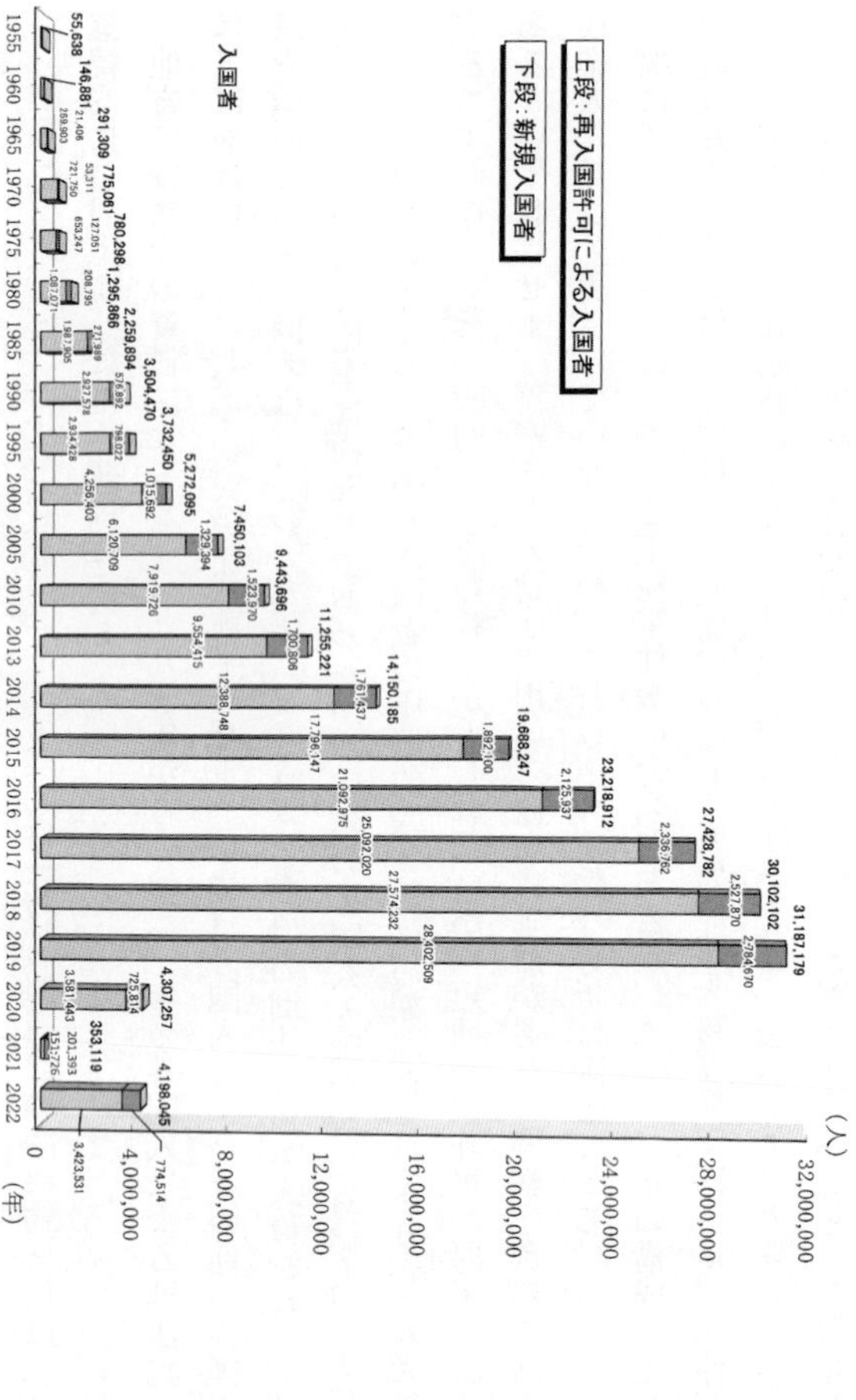
上段：再入国許可による入国者
下段：新規入国者
入国者
（人）
（年）
0
4,000,000
8,000,000
12,000,000
16,000,000
20,000,000
24,000,000
28,000,000
32,000,000
1955
1960
1965
1970
1975
1980
1985
1990
1995
2000
2005
2010
2013
2014
2015
2016
2017
2018
2019
2020
2021
2022
55,638
146,881
291,309
775,061
780,298
1,295,866
2,259,894
3,504,470
3,732,450
5,272,095
7,450,103
9,443,696
11,255,221
14,150,185
19,688,247
23,218,912
27,428,782
30,102,102
31,187,179
4,307,257
353,119
4,198,045
21,406
269,903
53,311
721,750
127,051
653,247
208,795
1,087,071
271,989
1,987,905
576,892
2,927,578
798,022
2,934,428
1,015,692
4,256,403
1,329,394
6,120,709
1,523,970
7,919,726
1,700,806
9,554,415
1,761,437
12,388,748
1,892,100
17,796,147
2,125,937
21,092,975
2,336,762
25,092,020
2,527,870
27,574,232
2,784,670
28,402,509
725,814
3,581,443
201,393
151,726
774,514
3,423,531

外国人入国者数の推移

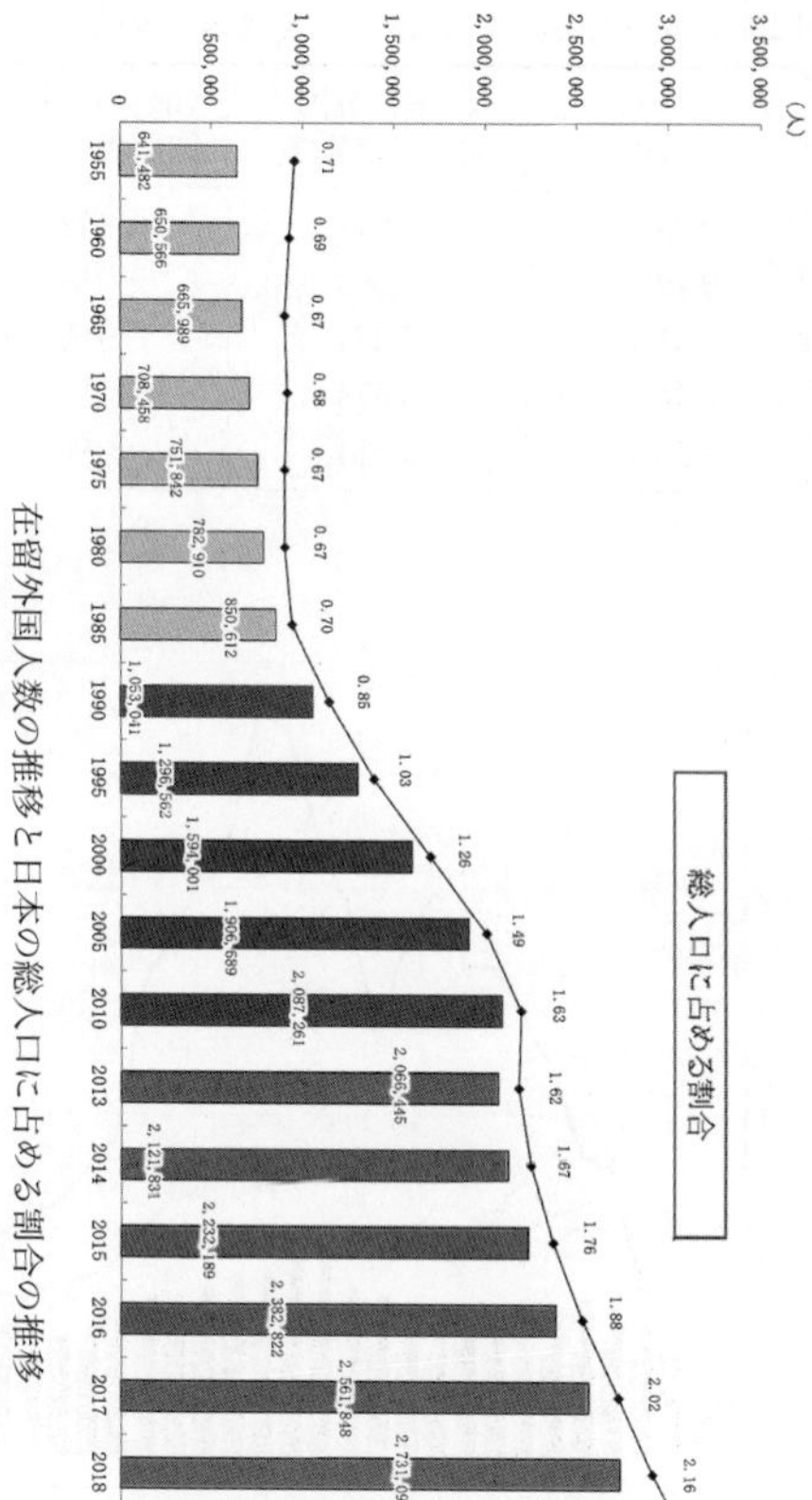


**図5-1**　日本に入国・再入国・中長期に滞在する外国人の数（1955-2022年）
出典：2023年版「出入国在留管理」より転載

人、強盗、放火、強制性交等で検挙された人員数の全体（日本人を含む）と来日外国人のみの検挙人員数、およびそれぞれが刑法犯検挙人員数全体に占める割合の過去五年間の推移を示したのが表5-1である。二〇一八年と二〇一九年は、刑法犯検挙人員総数に占める凶悪犯全体の

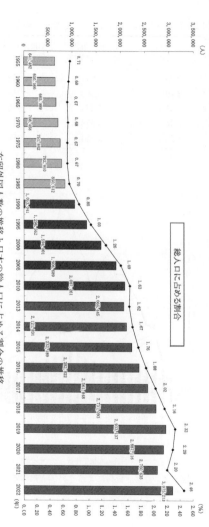

刑法犯検挙人員総数に占める「凶悪犯」の割合(2018-2022年)

| (b)が(a)に占める割合 | (c)来日外国人検挙人員総数 | (d)来日外国人凶悪犯 | (d)が(c)に占める割合 |
|---|---|---|---|
| 2.03% | 5,844 | 171 | 2.93% |
| 2.19% | 5,563 | 157 | 2.82% |
| 2.35% | 5,634 | 192 | 3.41% |
| 2.34% | 5,573 | 224 | 4.02% |
| 2.35% | 5,014 | 196 | 3.91% |

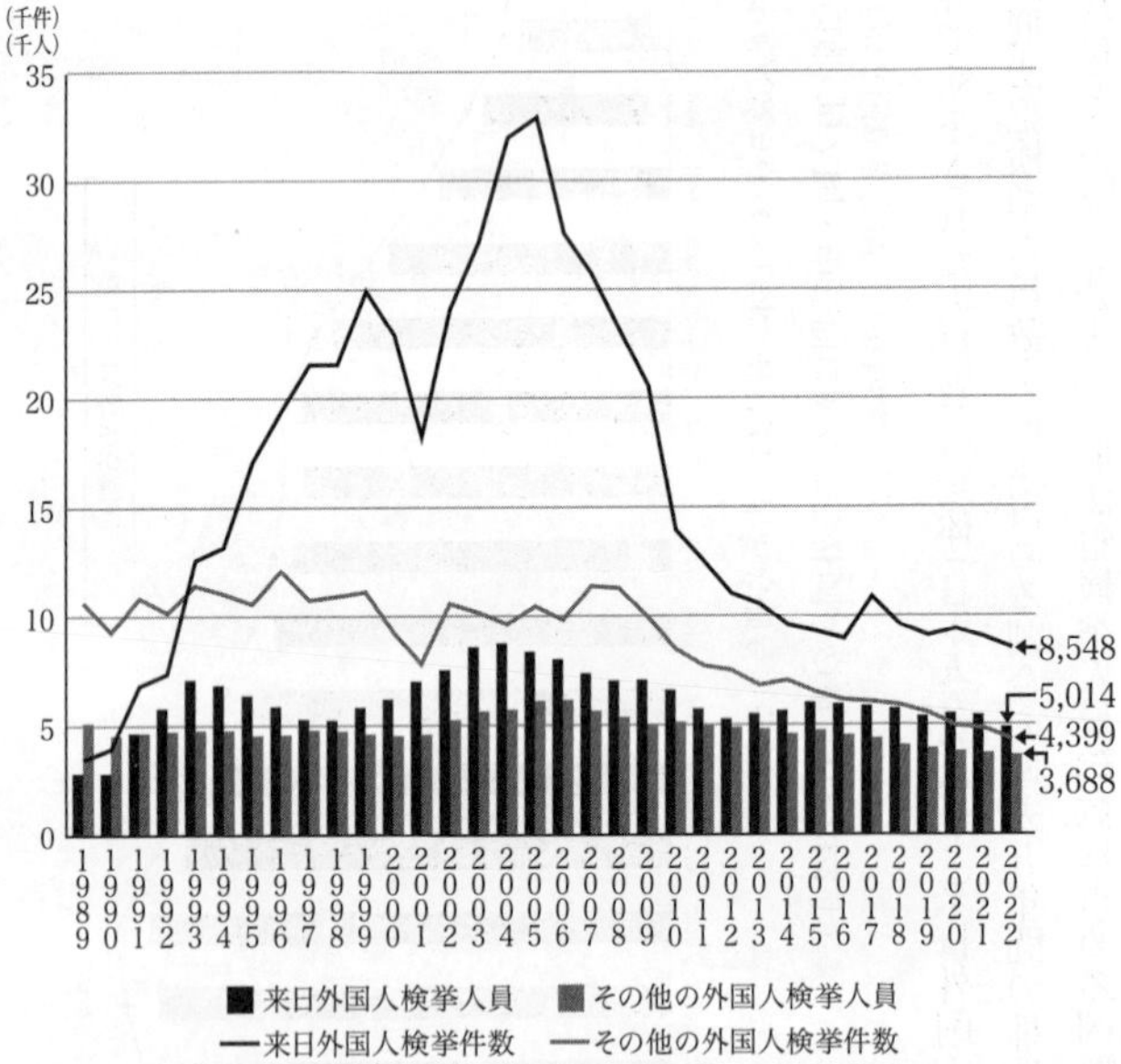


**図5-2** 警察庁資料による「外国人による刑法犯」(1989-2022年)
出典:令和5年版「犯罪白書」, 一部修正. 作図=前田茂実

**表5-1　来日外国人と日本人の**

| | (a)刑法犯検挙人員総数 | (b)凶悪犯全体 |
|---|---|---|
| 2018年 | 206,094 | 4,193 |
| 2019年 | 192,607 | 4,225 |
| 2020年 | 182,582 | 4,291 |
| 2021年 | 175,041 | 4,093 |
| 2022年 | 169,409 | 3,978 |

出典：警察庁資料より筆者作成

割合(二・〇三%と二・一九%)と、来日外国人による刑法犯検挙人員総数に占める外国人凶悪犯の割合(二・九三%と二・八二%)との差が、一%未満であった。しかし過去三年間はその開きが一・〇六%から一・六八%差で推移している。よって、来日外国人の刑法犯の方が日本人の刑法犯よりも凶悪犯罪を犯す可能性がわずかに高くなりつつあると推察することはできる。しかし、そもそも「その他の外国人」による犯罪の内訳が公表されておらず、暴行や傷害は「粗暴犯」に分類されており外国人について詳細なデータが公開されていないため、日本国籍者との包括的かつ精緻な比較が困難である。また上述の通り、本来であれば加害者の年齢・性別・収入・教育レベルなど国籍以外の属性について統制した上で分析しなければ、外国人の方が犯罪を犯しやすいのか科学的に分析できない。さらに被害者の属性についても不明であるため、被害者も外国出身者である可能性があることにも留意すべきである。

　続けて、凶悪犯との関係で一般に懸念されるのはいわゆる「外国人テロ」ではないかと思われる。世間を震撼させるような「テロ」や無差別殺人・殺傷事件が報道されるたびに、近年ではほぼ必ず「犯人は外国人だったのでは?」という憶測がSNS上などで流れる。しかし、警察庁の公式記録によれば、戦後日本で起きた「外国人テロ」は一件のみである。一九八五年にシク教徒のカナダ国籍の者がカナダ航空機に仕掛けた爆弾が成田空港の手荷物仕分け場で爆発し、作業員の日本人二人が亡くなっている。被害に遭われた方々やご家族には心からの哀悼の意を表しつつ、この事件は一般的にはほぼ記憶にないのではないだろうか。この事件以外で近年、世間を震撼させたような無差別殺傷事件の犯人は全て、いわゆる日本人(日本国籍を有する人)であり、外国籍を有する人や外国につながる人が主犯や首謀者として関わったという情報は無い。

以上まとめると、入管法違反を除く刑法犯のうち、いわゆる凶悪犯検挙人員の割合が日本人よりも来日外国人の方がわずかに高くなりつつある可能性を示すデータがあることは懸念材料ではあり、「その他の外国人」を含むより詳細かつ継続的な調査・研究が求められる。その上で、一般的に言えば「外国人が増えると刑法犯罪が増える」ことを示す公的データは無く、「難民などの外国人が増えると著しく治安が悪くなる」という言説は、必ずしも公的データや統計に基づかない、どちらかと言えば「体感治安」の問題であると言いうる。体感治安が悪化しているとすれば、それはむしろ日本人が外国人に対して持つ潜在的差別意識や言葉が通じない人に対する漠然とした不安、さらには文化・風習・行動様式の差異を反映していると思われ、その対策については外国人との共生施策を扱う別の場に議論を委ねたい。

## 2　難民受け入れによる財政負担

難民受け入れに伴う別の懸念材料は、受け入れ社会の財政負担ではないかと思われる。どのような難民にどの程度の公的支援を提供するのか、どこまでが難民用の特別の支援で、どこからは通常の外国人と同等の扱いにするのか。世界各国の社会保障制度が多種多様であることも相まって、千差万別の施策となっている。そこで本節では、日本の公的支援（つまり税金で賄われている部分）だけに絞って、現状を概観してみたい。なお、多くの民間団体や財団などが長年、非常に重要な支援を難民やその他の外国人に提供してきているが、それらは基本的に篤志家の財産や一般市民からの寄付金から賄われる場合が多く、個々人による財産処分の自由であるためここでは触れない。

また第四章で触れた通り、二〇二二年三月からは岸田内閣の指揮の下、ウクライナ（避）難民限定で条約難民よりも優遇された極めて寛容な措置が取られている。しかしその特別優遇措置は期間限定的なものであり、二〇二三年一二月からは改正入管法の下で補完的保護が導入され、いわゆる紛争避難民には条約難民に準ずる措置が採られるため、本節では触れない。

### 庇護申請者への公的支援

まず「待ち受け方式」でやって来る庇護申請者に対しては、当然、日本国内に入国するまでは公的支援は一切無い。むしろ査証申請料などを日本政府に支払って入国許可を得る。難民認定されるまでは原則的に自力で生計を立てる必要があるが、非正規滞在者が難民認定申請しても就労許可が与えられることはなく、仮に正規滞在者だったとしても、特に二〇一八年以降は就労・在留許可が与えられる条件が段階的に厳しくなってきている。詳細は割愛するが、就労許可をすぐに得られる可能性があるのは、正規の在留資格を持つ間に一回目の難民認定申請をある程度妥当な主張に基づいて行った者のみで、その他のケースに就労が認められるのは例外的となってきている。詳細な統計は明らかにされていないが、多くの庇護申請者は就労が禁止されている状態にあると見られ、合法的に生活するなら衣食住の費用を知人に工面してもらうか、慈善団体などから食料や衣料を恵んでもらうしかない。そのような助けにたどり着かない庇護申請者はホームレスになったり、何とか飢えを凌いで日本で暮らしている。なお、非正規滞在者は国民健康保険にも加入できないため、医療費も全額自己負担となる。

このような状態は、飢え死にを防ぐためやむを得ず窃盗などの犯罪に庇護申請者を追い詰めてしまい、かえって治安の悪化や公衆衛生上の問題も発生しかねない。そこで難民事業本部（RHQ）では、外務省からの委託事業として一九九五年から生活困窮者と認められる庇護申請

者に限定して、かなり厳格な条件下で「保護費」の支給を行っている。具体的な条件は、
①一回目の難民認定申請中の者（審査請求段階や裁判所における取り消し訴訟中も含む）
②資産や収入が無く、働くこともできず、頼れる親族もなく、その他の公的扶助を受けていないため、生活困窮度が高い者に限る
③支給期間は原則四カ月間のみ
これらの厳しい個別審査には平均で一カ月から三カ月かかっており、実際に受給が開始されるまでには半年くらいかかる場合もあると、難民支援協会は指摘している。また受給が認められるのは申請者のごく一部（過去一〇年間では二％から一〇％）で、近年の月平均でおおよそ一五〇人から二三〇人前後しか対象となっていない。そして仮に審査に通ったとしても、支給されるのは以下のみである（二〇二三年末時点）。
（ア）生活費として、大人（一二歳以上）は日額一六〇〇円、子ども（一二歳未満）は日額一二〇〇円
（イ）住宅費として、家族構成や居住地域等によって異なるが、首都圏でも通常は単身で上限六万円程度の家賃のみ。諸経費は除く
（ウ）医療費として、保険適用内の治療の実費（立て替え払い）
これらの保護費とその運営費の全体予算規模としては、二〇二〇年が三億五二〇〇万円、二

〇二一年が三億九〇〇〇万円、二〇二二年が四億七〇〇〇万円である。ただし、このうち半額程度は保護費を運営するRHQ職員の人件費や通訳費、その他の諸経費に充てられているため、上記の金額全てが申請者自身に直接支給されるわけではない。また上記とは別に、当面の宿泊場所がない申請者（保護費支給対象者のみ）への緊急宿泊施設の提供（通常は数日間の滞在用）も二〇〇三年から行っており、二〇二二年の予算額は約三〇〇〇万円であった。

庇護申請中の者の一部に支給される可能性がある公的支援は以上のみである。平均すると難民認定手続きには三年以上かかっており、当然ながら圧倒的大多数の庇護申請者にとっては上記の公的支援は不十分で、専ら同胞の仲間や民間支援に頼って何とか生き延びている。

## 第三国定住難民のみへの公的支援

次に、第三国定住難民については、自力でたどり着いた難民には無い来日前の様々な準備に関する公的支援がある。流れは第四章で見た通りだが、ＵＮＨＣＲによる難民の選定に始まり、法務省主導による第一次庇護国での面接、ＩＯＭによる事前の健康診断・予防接種、日本語研修・文化オリエンテーション、日本への渡航文書の準備、航空運賃などの渡航費用などが含まれる。それぞれに携わる職員の人件費をどこまで加味するか難しいが、内閣官房によれば、外務省・文化庁・厚生労働省の委託費の総額から換算して、第三国定住難民一人当たりの予算額は概算で約四五〇万円とされている。この金額には、次項でみる定住支援プログラムに関する費用も含まれているが、難民自身に支給される諸手当は含まれていない。

この四五〇万円を高いと見るか低いと見るかはそれぞれの価値観によるが、諸外国と比較すると、当然ながら日本よりも多くの難民を受け入れている国の方が、難民一人当たりの費用は低い傾向にある。四五〇万円というのは日本が第三国定住難民を年間三〇人受け入れていた間の数値であり、二〇二二年からは年間六〇人を目指しているため、一人当たりの金額は下がっている可能性が高い。また、日本に第三国定住した難民の中には、ＲＨＱのコースで頑張って日本語を学び、靴職人としての訓練を必死に積んで仕事に勤しんだ結果、月収五〇万円を達成している者もいるという。当然、一般市民と同様、その収入から所得税、住民税、厚生年金などの社会保障費等を納付して日本の歳入に貢献しているのであり、当初の投資としての約四五〇万円をどう評価するかにおいて加味されるべき要素であろう。言い換えれば、人道支援が数年後に日本の国益となって返ってくる、という視点である。

### 定住支援プログラムにかかる公的費用

さて、条約難民や補完的保護対象者として認定された後、また第三国定住難民として来日した後には、ＲＨＱが実施する定住支援プログラムに参加することとなっている。これは(避)難民とその家族が、日本で自立した生活を営むためのもので、以下の三要素に分かれている。

①日常生活に必要な日本語力を身につける日本語教育

②日本の社会制度や生活習慣、文化、保健衛生等を学ぶ生活ガイダンス

③就職先や職場適応訓練先の斡旋

通常は全日制の約六カ月間のプログラムだが、条約難民は既に来日後長く日中は働いている者もいるため、一二カ月間の夜間コース、オンライン授業のオプションもある。いずれの場合でも、五七二授業時限の日本語教育と、一二〇授業時限の生活ガイダンス(一授業時限は四五分)の合計六九二授業時限が枠組みとなっている。授業は、インドシナ難民時代からの豊富な経験と専門知識を持つ講師陣が担当している。条約難民には二〇〇六年から、第三国定住難民には二〇一〇年から提供されており、二〇二二年末までの「卒業生」総数は、前者が三四九名、後者が二二九名である。

筆者も国際機関職員として第三国定住を担当していた際に、RHQの定住支援プログラムを見学させてもらったことがある。来日当初は片言での自己紹介がやっとだった難民が半年後には、学習成果発表会で谷川俊太郎の詩「生きる」を自分なりにアレンジしたものを朗読できるまでになり、感動したことを覚えている。

この定住支援プログラムをRHQが実施するための予算総額は、二〇二〇年が二億一九〇〇

万円、二〇二一年が二億五四〇〇万円、二〇二二年が二億三七〇〇万円、二〇二三年が三億二七〇〇万円である。歳出項目は多い順に、職員の人件費、諸謝金、(難民への)生活援助費、庁費、旅費、その他雑費(例えば場所代や通信費等)となっている。コロナ禍の後やアフガニスタン現地職員の集団難民認定でプログラム対象者が増加していることが、予算拡大に繋がっている。

上の歳出項目にある難民への生活援助費であるが、全日制プログラムに参加した難民はその間働けないため、原則的に以下の生活費、医療費、住居費、定住手当が支給される(二〇二三年末時点)。

(ア) 生活費　大人(一二歳以上)日額一六〇〇円、子ども(一二歳未満)日額一二〇〇円。ここから自分で食料品や日用品、通信費、交通費等を払う

(イ) 医療費　国民健康保険に加入した上で発生する治療費および処方箋の実費

(ウ) 住居費　場所や居住人数によって上限を決定

(エ) 定住手当(一回限り)　大人(一六歳以上)一五万六九〇〇円、子ども(一六歳未満)七万八四五〇円。定住支援プログラムを修了した直後に、新たな自立した生活を始めるための準備金

上記に加えて定住支援プログラムを卒業した後も、ＲＨＱ(および日本政府)は難民が生活保護に頼らず、できる限り速やかに自立した生活を営めるよう就職促進に特に力を入れており、様々な助成制度が用意されている。紙幅の都合上詳細は省くが、その多くは難民を雇用する事

業者側に支払われる職場適応訓練費・雇用開発助成援助金・職場体験講習費であり、難民に支給されるものとしては訓練受講援助費と、就職活動に伴っての広域求職活動援助費・移転援助費がある。

このような徹底した日本語教育、生活ガイダンスと、それに続く就職斡旋活動のおかげで、日本に来た第三国定住難民はほぼ全員、定住支援プログラム卒業後すぐに何らかの職を見つけられている。なかには体調を壊したり、子どもが生まれたり、また全く異なる文化と生活のリズムに馴染めない者もおり、場合によっては生活保護を部分的あるいは短期的に受給した家族もいるという。しかし九割以上の第三国定住難民家族は、父親はフルタイムで、母親は主にパートタイムで働いて経済的に自立し、また就学年齢の子どもたちは地元の学校にきちんと通っている。必死で日本語を学び労働に勤しんだ結果、一戸建ての購入まで果たした難民や、大学・大学院にまで進学した子どもたちもいる。このような高い就労率は、世界の第三国定住難民の平均からすると驚異的で、他の第三国定住諸国では、定住後五年経った際の就労率が三〇%にも満たないのが通常である。

このように日本の第三国定住政策は、まだ第一次庇護国にいる間から日本語教育、文化オリエンテーション、就労支援を公金を使ってしっかりと行うことにより、難民たちがすぐに日本社会に貢献する市民になることを実現している。なお、「待ち受け方式」で自力で来日し庇護申請の後に難民認定された者の定住・就労状況は、RHQにおいて網羅的なデータが無いという。追跡調査に参加したくない難民に無理強いすることはできないが、今後は何らかのフォローアップ調査とその公表が行われるのが望ましい。

## 難民を含む外国人と生活保護

本章を終える前に、外国人と生活保護問題について簡単に触れておきたい。というのは、特に日本で条約難民と認められた者に特化して生活保護をどの程度受給しているのかに関する公的データは無いため、外国籍を有する者全体を概観する以外の方法が無いからである。

まず、大前提として日本国憲法第二五条(いわゆる生存権)は「すべて国民は、健康で文化的な最低限度の生活を営む権利を有する」(傍点は筆者)としており、日本国籍を有しない者つまり外国人には生活保護は権利としては認められていない。また、外国籍者のうち在留資格を有しない者は、どのような場合でも生活保護を受給できない。外国籍者の生活保護受給についての行政府の公式文書は、一九五四年に厚生省社会局長から各都道府県知事あてに出された「生活に困窮する外国人に対する生活保護の措置について」という通知(社発第三八二号)しかない。そこでは「生活に困窮する外国人に対しては一般国民に対する生活保護の決定実施の取扱に準じて……必要と認める保護を行う」とされた。その後一九九〇年には厚生省係長による口頭通知が出され、「永住・定住などの資格を持つ外国人に限る」とされ、対象者や運用方法の詳細については時代と共に徐々に改訂されてきてはいる。しかし基本的な考え方、つまり「外国籍を有する者は生活保護を権利として主張できない」というスタンスは、変化していない。二〇一四年の最高裁第二小法廷判決でも、外国籍者は「行政庁の通達等に基づく行政措置により事実上の保護の対象となり得るにとどまり、生活保護法に基づく保護の対象となるものではなく、同法に基づく受給権を有しないものというべきである」と判断されている。さらに最近では、二〇二二年一一月四日の参議院において岸田首相が「上記(厚生省)通知を見直す状況にないと考えている」旨の答弁書を送付している。

では、最高裁判決に言う「事実上の保護の対象となり得る」人とは誰か。厚生労働省が発出している「生活保護手帳別冊問答集」や社会保障審議会福祉部会「生活保護制度の在り方に関する専門委員会」の資料によると、以下の三グループに整理できる。

①永住者、定住者、永住者の配偶者等、日本人の配偶者等のうちいずれかの在留資格を有する者

②特別永住者(いわゆる在日韓国人、在日朝鮮人、在日台湾人)

③条約難民や第三国定住難民

つまり、合法的かつ中長期的に日本に滞在する外国籍者のうち、特に歴史的な道義上あるい

は人道上の責任がある者に対してのみ、生活保護法を準用して地方自治体の判断において生活保護が認められる場合がある。

それでは具体的にどの程度の外国籍者が生活保護の受給となったのか、過去一〇年間の厚生労働省の被保護者調査のデータに基づき世帯数をまとめたのが表5-2である。表から一目瞭然なのが、生活保護を受給する外国籍世帯(世帯主が外国籍者)が全体の被保護世帯数に占める割合は、二・七八%から二・八八%の間で、横ばいないし微減という実態である。過去一〇年間全体で捉えると、生活保護対象者となり得る在留資格である永住者、日本人の配偶者等、永住者の配偶者等、定住者の人数は明らかに増加傾向にあるにもかかわらず、それらの世帯の生活保護受給率は伸びていないことは特筆に値する(ただし、特別永住者の数だけはおそらく死亡により、継続的かつ明らかに減少している)。

その上で、過去一〇年間の日本の総人口に占める上記の在留資格を持つ外国人の比率は一・〇七%から一・二四%であるため、それと比べると外国人世帯の生活保護受給率は高めという指摘ができる。ただし詳しく見ていくと、外国籍を持つ生活保護受給者の多くは韓国・朝鮮籍でかつ高齢者の方々であり、第二次世界大戦までの日本による植民地支配の結果、戦後も日本に留まった方々あるいは日本に「帰国」して来た方々であることが推察される。そのような方々は一九八二年つまり日本が難民条約に加入し国内法が改正されるまでは、年金制度を含め

世帯数(2013-2022 年度)

| 2017 年度 | 2018 年度 | 2019 年度 | 2020 年度 | 2021 年度 | 2022 年度 |
| --- | --- | --- | --- | --- | --- |
| 1,617,980 | 1,615,357 | 1,615,083 | 1,616,864 | 1,617,578 | 1,601,524 |
| 45,503 | 45,107 | 44,852 | 45,638 | 46,003 | 45,120 |
| 2.81% | 2.80% | 2.78% | 2.82% | 2.84% | 2.82% |
| 1,434,318 | 1,465,377 | 1,497,223 | 1,498,916 | 1,513,105 | 1,551,846 |
| 1.13% | 1.16% | 1.19% | 1.19% | 1.21% | 1.24% |

注：「在留資格」は特別永住者，永住者，定住者，永住者の配偶者等，日本人の配偶者等に限る

様々な社会保障制度から排除されており、また社会的な差別のために安定した仕事に就くことも難しかった。そのため、無年金・低年金の方々が高齢になって厳しい生計を強いられている可能性が高い。

また、筆者が具体的に承知している難民のケースでは、アフガニスタンにおいて日本の公的機関で一〇年以上働いたが、第四章で述べたように日本政府が退避を拒んだため民間招聘で日本に退避し、その後難民認定を受けＲＨＱの日本語学習に励んだものの、すぐには就職先が見つからなかったために数カ月間のみ生活保護を受けた家族がいる。ただし、ＲＨＱのコース卒業後一年未満で見事に立派な就職先を自力で確保し、家族六人を養えるだけの収入を既に得て、納税し様々な社会保障制度に貢献している。また第三国定住制度で来日した家族のなかにも、長年のキャンプ生活からあらゆることが全く異なる日本社会にすぐには馴染めず、心身のバランスを崩した

表 5-2 生活保護の被保護

| | 2013 年度 | 2014 年度 | 2015 年度 | 2016 年度 |
|---|---|---|---|---|
| 被保護世帯の総数 | 1,562,754 | 1,583,211 | 1,602,551 | 1,609,004 |
| 外国籍世帯数 | 44,985 | 45,260 | 44,965 | 45,248 |
| 外国籍世帯が総数に占める割合 | 2.88% | 2.88% | 2.81% | 2.81% |
| 該当する在留資格*を持つ外国人の人数 | 1,364,732 | 1,367,403 | 1,379,946 | 1,405,190 |
| 上記在留資格*を持つ外国人が総人口に占める割合 | 1.07% | 1.08% | 1.09% | 1.11% |

出典：厚生労働省資料より筆者作成

り、子どもの数も多いため、ひとり親だけでの収入では大家族を支えられずに、短期間あるいは一部だけ生活保護を受給した家族がいる。しかしその子どもたちは日本の公立学校に通い、大学まで卒業した若者もおり、彼らは今後、日本社会に様々な形で貢献する不可欠な一員となる。そのような第二世代をはぐくむ「一時的な投資」として、親世代に緊急人道措置として必要な期間、生活保護を認めることまで、日本の国益に反するとは言えないのではないだろうか。

このように外国人と生活保護の問題は、表面的な数値上のデータを見るだけでは不十分で、その背景にある日本の歴史的な責任、人道上の必要性、また中長期的な投資といった質的な文脈を踏まえて検討する必要がある。

# 第六章　なぜ「特に脆弱な難民」を積極的に受け入れるのか
## ――北欧諸国の第三国定住政策――

北欧諸国は伝統的に多くの難民を第三国定住経由で受け入れてきた。そればかりでなく、受け入れ後に長年生活保護に頼らざるを得ないことが入国前から想定される「特に脆弱な難民」用の枠をわざわざ設定し、積極的に受け入れてきた。なぜか。国家政策は自国民を最優先すべきという前提に立てば、不可解である。と同時に、特に二〇一五年以降はそのような究極的な人道性を誇っていた北欧諸国の庇護政策にも陰りが見え始め、デンマーク、スウェーデン、フィンランドでは受け入れ数と条件の両面で制限的な政策に転換され始めている。にもかかわらずそれら三カ国を横目に、ノルウェイだけはまだ人道的な難民受け入れ政策を比較的安定的に実施できている。なぜか。本章では二〇二三年にこれら北欧四カ国で行った聞き取り調査をもとに、上記二つの疑問の解明を試みたい。

敢えて北欧諸国の事例を取り上げるのには、いくつか理由がある。まず、北欧諸国は伝統的な移民国家（例えば米国、カナダ、オーストラリア、ニュージーランド）とは異なり、多様性を国家の原動力にするというよりは、国民国家として社会の一体性を重視してきた。また他の西欧諸国とは異なり、北欧諸国の言語が現在でも通じる旧植民地が「途上国」にないため、受入国の現地語は（例えば英語やフランス語とは異なり）移民や難民にとっては新たに学習が必要な特殊言語である。また、多くの難民を発生させるような隣国は（ロシアを除けば）無く、多くの難民が継続的に自力でたどり着いて庇護申請を行えるような地政学的環境にもない。実際二〇一五年を除けば、庇護申請者数は毎年数千人からおおむね三万人程度で推移しており、日本とほぼ同程度である。その上で、北欧諸国における難民認定率はとりわけ二〇〇〇年代初頭は五％を切るような年も珍しくなかった。と同時に、健康保険や年金などの社会保障制度が極めて充実している。これは第三国定住難民にも大きな意味合いがあり、毎年の受け入れ人数は米国やカナダと比べれば少ないものの、難民による自助や第三章で見た民間スポンサーシップなどの共助による自立に期待するというよりは、北欧諸国は公助つまり政府の公的制度で、受け入れた難民の生活支援を行うのが原則となっている。限界税率も上から、スウェーデン、フィンランド、デンマーク、ノルウェイの順に極めて高い水準だが、日本はちょうどその中間に入る。

このように見ていくと、北欧諸国は日本と通じる部分が多々あり、今後の日本の難民受け入れ政策を考える上で参考になるため、本章で掘り下げてみたい。なお、アイスランドも北欧の一国ではあるものの、人口規模があまりに小さく、第三国定住難民受け入れ数もかなり少ないため、本章では割愛する。

## スウェーデン、デンマーク、フィンランドの第三国定住政策の概要

北欧四カ国における第三国定住政策の歴史は長い。第二次世界大戦直後や一九五六年のハンガリー動乱、一九七〇年代のチリ難民やインドシナ難民の受け入れを経験しつつ、スウェーデンは一九五〇年から、デンマークは一九七九年から、ノルウェイは一九八〇年代から、フィンランドは一九八五年から、毎年継続的に行っている。年間受け入れ枠は世界情勢や政権によって増減しており、近年の推移は表6-1に整理した通りである。人口規模がスウェーデンは一一〇〇〇万人程度、その他の三国はどこも五〇〇万人前後であることに鑑みれば、人口比率でみる受け入れ規模はかなり大きいと言える。特にスウェーデンは長年、人口一人当たりの第三国定住難民受け入れの割合において世界一位・二位を争ってきた。

「量」の問題に加えて特筆すべきなのが「質」の問題、つまり難民受け入れの選抜条件においてわざわざ「特に脆弱な難民」枠を継続的に設けていることである。どのような者を「特に脆弱」とみなすかは国によって差異があり、学術的にも議論はあるが、緊急治療が必要な病気や怪我を抱える難民、身体障碍やトラウマ障害を抱える難民、孤児、多くの子どもを抱えるシ

定住(2016-2023年)

| 2021年 | 2022年 | 2023年 | 2024年 |
|---|---|---|---|
| 3,558 | 2,800 | 2,000 | 1,247 |
| 3,431 | 2,805 | 1,753 | |
| 619 | 537 | 188 | |
| 5,000 | 5,000 | 900 | 900 |
| 6,420 | 5,004 | 未発表 | |
| 1,050 | 1,500 | 1,050 | 500 |
| 1,091 | 1,275 | 1,342 | |
| 200 | 200 | 200 | 200 |
| 197 | 165 | 未発表 | |

出典：MPI Europe(2023年6月), Eurostat, デンマーク政府によるOECDレポート, Statistics Norway, フィンランドMIGRIのHPほかより筆者作成

注：ノルウェイの到着人数のうち, 2021年はアフガニスタン退避者を含む. 2023年以降の予定人数はウクライナ(避)難民受け入れの影響で減少.

ングルマザー家庭などは、一般的により脆弱と判断される。このような難民は、受入国に再定住した後すぐには経済的に自立するのは困難で、北欧諸国の充実した社会保障制度、つまり税金と公助に頼らざるを得ないことが予め想定される。北欧諸国はそのような難民のために年間受け入れ枠のうちの一定数をわざわざ専用枠として設定し、積極的に迎え入れてきた。

　このように北欧諸国は長年「量」「質」共に極めて人道的な第三国定住政策を実践してきたが、細かく見ていくと国ごとに特徴と違いがあり、振り返ってみるとその差異がノルウェイの比較的安定した施策に帰結していると分析できる。そこで、まずは最近までのスウェーデン、デンマーク、フィンランドの第三国定住政策を概観した上で、なぜそのような脆弱な難民をわざわざ積極的に受け入れてきたのか、

**表6-1　北欧4カ国への第三国**

| | | 2016年 | 2017年 | 2018年 | 2019年 | 2020年 |
|---|---|---|---|---|---|---|
| ノルウェイ | 当初予定 | 3,200 | 3,120 | 2,120 | 3,000 | 3,000 |
| | 到着人数 | 3,117 | 3,072 | 2,115 | 3,078 | 2,360 |
| | 特に脆弱なケース | 335 | 249 | 291 | 544 | 419 |
| スウェーデン | 当初予定 | 1,900 | 3,400 | 5,000 | 5,000 | 5,000 |
| | 到着人数 | 2,115 | 3,410 | 4,950 | 5,005 | 3,590 |
| フィンランド | 当初予定 | 750 | 750 | 750 | 750 | 850 |
| | 到着人数 | 945 | 1,090 | 605 | 890 | 730 |
| デンマーク | 当初予定 | 1,000 | 0 | 0 | 0 | 200 |
| | 到着人数 | 85 | 0 | 0 | 0 | 31 |

また二〇一五年以降どのような陰りが見られているのかを検討したい。その上で、後半ではノルウェイの第三国定住政策について少し詳しく紹介し、ノルウェイの耐久性の要因に迫ってみたい。

まずスウェーデンでは、近年は五〇〇〇人の全体枠のうち九〇〇人を「緊急ケース専用枠」として設定し、特に脆弱な難民を受け入れていた。そのうち真に緊急性のあるケースは、UNHCRが提出する資料のみに基づいてスウェーデン移住庁が書類審査のみで受け入れ可否を数日間で判断し、スウェーデンへの移住が認められる。近年までは全体の約半数は事前面接を行い、残りの半数は書類ベースのみで受け入れられていた。そもそもスウェーデンは、従来は「受け入れ後の定着の見込み」を選抜要件に入れてこなかったことも特筆に値する。第三国定住難民には入国時点で永住許可が与えられるため、入国した瞬間から他の一般の永住者や市民と同等の福利厚生が保障されている。

スウェーデン到着後の居住地振り分けは、各地方の人口や税収などの要素を加味して中央省庁がトップダウン方式で決定する。従来は地方自治体側に難民受け入れに合意するか否かの決定権限があったが、二〇一六年以降は、中央政府から割り当てられた難民を受け入れる義務が地方自治体側に発生することとなった。各地方自治体は、割り当てられた難民の衣食住、生活ガイダンス、語学教育へのアクセスを保障する必要があるが、かかった費用は中央政府から事後精算される。二〇一六年の時点で中央省庁から地方受け入れ自治体に支払われた経費総額は難民一人当たり約二万一〇〇〇ユーロであった。難民用の公的定住施策は、入国後原則二年間提供される。ただし詳しくは後述するが、難民受け入れの全般的な考え方としては長年、「寛大な支援を平等に提供するので、あとは自由に頑張って下さい」という自由放任主義的スタンスであったという。

続いてデンマークの第三国定住政策も、少なくとも二〇世紀の間は、特に脆弱な難民をわざわざ選んで受け入れ寛容な社会保障費で永住生活を支える、という人道主義を地で行くものであった。二〇〇五年から二〇一六年までは三年間で一五〇〇人という柔軟な受け入れ枠を設定し、うち八〇人の緊急ケース、三〇人の医療ケースを双方ともＵＮＨＣＲ提出書類ベースだけで、個別面接無しで受け入れてきた。そのようなケースが入国後に必要となる医療費は全額デンマーク政府が公金で賄う。

それ以外の通常ケースの選抜基準は継続的に見直され、二〇〇〇年代前半は「定着の見込み」やデンマークでの自立の可能性が重視されていた。それが徐々に「デンマークへの第三国定住から最も裨益できる者」に変更となり、さらに二〇一〇年中盤には「本人のニーズや期待値に鑑みて、デンマークに第三国定住すると本人の人生の継続的改善が見込まれる者」と変遷してきた。この背景には、単に教育レベルやスキルレベルが高い者が必ずしもデンマーク社会に馴染めるわけではないという教訓がある。具体的には、性的少数者、多くの子どもがいる家族、シングルマザー家庭、人権活動家などが「良好で自立した人生を送れるようデンマークが支援しやすい難民」と政府文書で例示されている。と同時に、言語能力、学歴、職歴、家族関係、年齢、趣味や意欲などもＵＮＨＣＲの提出書類に記載するよう指示もあり、デンマーク社会に馴染めるか自立できるかという判断基準も引き続き重視されている。地元識者やＮＧＯなどからは、「脆弱でありながら入国後にすぐに自立できる人」という選抜基準は矛盾ではないか、という批判もある。

入国後は、中央政府からの補助金に基づき地方自治体が提供する定住支援（語学、生活ガイダンス、就職斡旋）プログラムに参加する。これは、自治体と難民が結ぶ契約書上で双方に義務付けられており、原則一年間、上限五年間実施される。他の北欧諸国とは異なり、第三国定住難民にも入国後直ちに永住権は付与されず、複雑な要件が設けられているが要は、八年間滞在した後にデンマーク語の試験に合格し経済的に自立している者だけに永住権が付与され、その要件を満たさない者には引き続き時限付き在留資格が与えられる。入国直後から医療費は全額無料、児童手当などは市民と同等であり、一定の条件下で生活保護受給も認められているが、永住権を得るまでは一般市民よりも明らかに低い受給基準が設定されている。これについて政府は、難民にできる限り早くデンマーク語を習得してもらい速やかに就労してもらうための動機付けであると説明しているが、国際法違反である可能性も指摘されている。

次にフィンランドでは、当初は年間五〇〇人枠で始まり二〇〇一年から継続的に年間枠を七五〇人と設定し、「シリア難民危機」の後は最大一五〇〇人まで増えた。年間枠のうち一〇〇人を緊急ケース用に、全体の約一〇〜一五％程度を特別な医療措置が必要なケース用に充ててきた。緊急ケースは事前の面談無しにＵＮＨＣＲが提出する書類だけで、政府が受け入れ可否を通常五営業日内に判断する。その他の通常ケースについては、中央省庁と地域局の代表が合同で現地面接を行い、政府が設定する受け入れ条件に合致するか査定を行う。フィンランドは伝統的には難民のフィンランド社会への「定着の見込み」は選抜基準に入れてこなかったが、近年はそれも加味されるようになった。実際に面接を行う政府職員の話によると「フィンランドへの第三国定住がこの家族にとって最善の選択肢かどうか」を見るという。

空港到着時にはフィンランド赤十字が難民出迎えを行い、直ちに受け入れ自治体での生活を始める。どの自治体が受け入れるかの調整は、フィンランド入国管理局（MIGRI）とELYセンターと呼ばれる経済発展等を担当する地域局が指揮を執る。ただし、毎年の受け入れ人数や予算に関する議会や関係省庁間の交渉過程において、難民受け入れ意思のある自治体が受け入れキャパシティや条件を関係省庁に自主的に伝達できる仕組みになっており、受け入れ意思を表明しなかった自治体に受け入れ義務は無い。

第三国定住難民は入国直後から、地元市民と全く同じ社会保障の権利がある。加えて原則的に到着後三年間、必要な場合は最長五年間、公的定住支援を受けることができる。難民の住居、保健医療、教育などの社会統合支援は各地方自治体（や地域局）が、職業訓練や就職については中央の経済・雇用省が管轄している。地方自治体側でかかった諸経費は、中央政府から事後精算される。二〇一六年時点での七歳以上の難民一人当たりの年間精算額は二三〇〇ユーロ、七歳以下は六八四五ユーロで、第三国定住難民に対しては二〇二四年までは上限三年間、二〇二五年からは上限二年間支払われる。

## なぜわざわざ「特に脆弱な難民」を受け入れてきたのか

なぜ北欧諸国は、入国後少なくともしばらくは生活保護などの社会保障に頼らざるを得ないことが明らかな難民のための「特に脆弱な難民」枠をわざわざ設けて、税金を使って受け入れてきたのか。聞き取り調査や政策文書分析を通じて浮かび上がってきた輪郭は以下の通り整理できる。なお、これらの点は本章後半でみるノルウェイにも共通する。

第一に、異口同音に「人道主義を実践してきた歴史と伝統」が指摘された。つまり弱い立場におかれた難民の受け入れは、人道国家・人道大国としての伝統的アイデンティティや国策の大切な一部であるという。特に女性や女児、障碍者、緊急治療を要するような脆弱な難民であればあるほど、純粋な人道政策であるという理解が国民的コンセンサスとなっているという。調査を行ったどの北欧諸国においても、特に脆弱な難民を第三国定住で受け入れることは論争になったことがないため、政府も研究者もあえて世論調査をしたことがなく、世論調査データ自体が無いとの回答であった。

上記の点と関連して第二に、「北欧ブランド」つまり充実した福祉国家体制を誇る北欧諸国の自己イメージとの親和性も指摘された。人道主義、脆弱な者の保護、そのための責任分担というロジックは、普遍的・平等的福祉と公助による社会保障を重視する北欧社会の伝統と軌を一にしており、一般市民にも受け入れられやすいという。このような北欧独特の特殊性を「北欧的例外主義」と表現する研究者もいる。

人道的優等生としての自己イメージやプライドは、国際社会における負担分担制度においても「人道リーダー」として分相応の責任を果たすことにも繋がる。北欧諸国は規模的に中小国であるため国連における多国間外交や国際協力を重視しており、第三国定住政策は基本的に「国連との協力プログラム」と理解されているという。

国連との関係では、第三国定住難民はUNHCRが既に難民認定し推薦している者であり、さらに受け入れ政府による事前審査も通過した上で合法的にやって来る。特に右派の一部には、「自力でたどり着く難民はほとんどが悪い偽装難民で、第三国定住経由でやって来る難民は本物の良い難民である」という言説が流布している。難民「問題」が保守派のやり玉にあがる際は、庇護審査制度をどこまで厳しくできるかに注目が集まり、第三国定住制度が攻撃対象となることは近年まではなかった、という。自力で、時には非正規に入国する庇護申請者が皆「偽装難民」である、という言説は事実に基づかない。ただし第三国定住は、受け入れ側がほぼ完全にコントロールできるプロセスを通じて選んで連れて来ることができるため、脆弱な難民についても人数や時期、方法について予測可能性が高いという利点は、第三章でも見た通りである。脆弱であり、「可哀そう」であり、規則やルールを順守する従順な者は、保守派が持つ

「正しい難民」のイメージに合致するのかもしれない。

また自力でやって来る庇護申請者との違いという観点では、非正規に入国・滞在する庇護申請者に厳格に対処する代替措置として、「我々は本当は人道的なんですよ」というメッセージを出す、つまり「人道主義のアリバイ作り」としての第三国定住政策という側面も否定できない。とりわけ脆弱な難民を積極的に受け入れれば、「単にケチな排外主義者」という批判を一定程度はかわすこともできる。

さらに、高学歴で立派な職業に就いていた難民が、必ずしも定住先の社会に馴染めるわけではない、という経験則もある。有名な一例だが、中東イラク・バグダッド大学の著名な物理学教授が難民として米国に第三国定住した後で、自分のスキルにもプライドにも全く見合わないような「3K仕事」しか見つからなかったため心身に不調をきたし、結局他国に移住してしまったという。一見矛盾するようではあるが、特に優秀な男性難民ほど現地に溶け込むのが難しく、一般的に最も馴染みやすいのは子どもであり、女性(ただし現地語をしっかり学び仕事を選ばない場合)であるとされる。既に見たデンマークや以下で見るノルウェイが、選抜基準において「定着の可能性」の意味するところを何度も見直してきた背景には、このような現実もある。

最後に、中長期的な人口減少対策としての側面もある。日本ほどではないものの、北欧諸国も少子高齢化や労働人口不足の懸念があり、地方に中長期的に定住してくれそうな人は歓迎されるという。難民は、自立できるまでは当初割り当てられた自治体に留まらないと定住支援にアクセスできない仕組みになっている場合が多く、当初の受け入れ自治体で就労・就学する可能性が高くなる。中長期的な人口政策、国家としての投資としての一面である。

このように、そもそも自己の責に帰すべき理由でなく脆弱な立場に置かれた者であり、国全体としての伝統的なアイデンティティや特長にも合致し、既にＵＮＨＣＲによって難民認定されており、プロフィールを精査した後で正規に入国・滞在し、年間の受け入れ枠も小さめで、さらに過疎地における中長期的な人口対策に貢献してくれる。とあらば、第一世代が入国直後から種々の社会保障制度にアクセスできることに対する批判は、少なくとも従来はほぼ無かったというのも、さほど不思議ではない。

## 近年のデンマーク、スウェーデン、フィンランドにおける変革

ところで、デンマーク、フィンランド、ノルウェイにおいては少なくとも一九八〇年代から、またスウェーデンでは二〇一〇年以降、国政レベルでの議席を持つ極右ポピュリスト政党が継続的に存在し、総選挙で二〇％近い得票率を達成したり、時には連立政権入りして国政運営を担ってきた（表６-２）。何をもって「極右」と言うかは議論があり、当初は反体制主義、小さな政府、大幅減税、ＥＵ懐疑主義が中心的主張であったが、近年では反移民・排外主義も入れ始

めたところに共通点がある。

ただし、国ごとに詳しく追っていくと、庇護政策の変化や難民の増加、また反難民感情と、極右政党への支持率の増減との間には必ずしも相関関係が無いことが既に多くの研究で証明されている。特に、二〇一五年前後に各国で採られた制限的な庇護政策は、極右政党の主張のた

極右政党の台頭(2001-2023年)

| ノルウェイ「進歩党」 | | | スウェーデン「スウェーデン民主党」 | | |
|---|---|---|---|---|---|
| 得票率 | 議席数 | 政党順位 | 得票率 | 議席数 | 政党順位 |
| 14.6% | 26/165 | 3 | | | |
| | | | 1.4% | 0/349 | 8 |
| 22.1% | 38/169 | 2 | | | |
| | | | 2.9% | 0/349 | 8 |
| 22.9% | 41/169 | 2 | | | |
| | | | 5.7% | 20/349 | 6 |
| 16.3% | 29/169 | 3 | | | |
| | | | 12.9% | 49/349 | 3 |
| 15.3% | 27/169 | 3 | | | |
| | | | 17.5% | 62/349 | 3 |
| 11.7% | 21/169 | 4 | | | |
| | | | 20.5% | 73/349 | 2 |

表 6-2　北欧 4 カ国における

| 総選挙があった年 | デンマーク「デンマーク国民党」 | | | フィンランド「フィンランド人党」 | | |
|---|---|---|---|---|---|---|
| | 得票率 | 議席数 | 政党順位 | 得票率 | 議席数 | 政党順位 |
| 2001 年 | 12.0% | 22/179 | 3 | | | |
| 2002 年 | | | | | | |
| 2003 年 | | | | 1.6% | 3/200 | 8 |
| 2005 年 | 13.3% | 24/179 | 3 | | | |
| 2006 年 | | | | | | |
| 2007 年 | 13.9% | 25/179 | 3 | 4.1% | 5/200 | 8 |
| 2009 年 | | | | | | |
| 2010 年 | | | | | | |
| 2011 年 | 12.3% | 22/179 | 3 | 19.1% | 39/200 | 3 |
| 2013 年 | | | | | | |
| 2014 年 | | | | | | |
| 2015 年 | 21.1% | 37/179 | 2 | 17.7% | 38/200 | 2 |
| 2017 年 | | | | | | |
| 2018 年 | | | | | | |
| 2019 年 | 8.7% | 16/179 | 3 | 17.5% | 39/200 | 2 |
| 2021 年 | | | | | | |
| 2022 年 | 2.6% | 5/179 | 12 | | | |
| 2023 年 | | | | 20.1% | 46/200 | 2 |

出典：Anders Widfeldt, ‘The Growth of the Radical Right in Nordic Countries: Observations from the past 20 Years’, 2018, Table 1 を参考に，筆者が最新かつ正確なデータを追記

めというよりは、純粋に庇護申請者が突然急増したために仮にリベラル政権だとしても採らざるを得なかった緊急行政措置であった側面もある。また庇護申請者の数は、いずれの国においても二〇一五年に近年では記録的に急増したが、その翌年二〇一六年には激減し、それ以前の水準近くにほぼ戻っている。そして欧州社会調査の直近の世論調査データ(二〇一六年時点)によれば、スウェーデン、フィンランド、ノルウェイのいずれの国においても「難民認定申請審査において政府は寛容であるべき」という設問について、賛成派が反対派を明確に上回っている(デンマークについてはデータ無し)。にもかかわらず、特にスウェーデンとフィンランドでは二〇二二年と二〇二三年に極右政党の更なる躍進が見られた。言い換えれば、少なくともマクロレベルでは「難民の数が増えると極右政党への支持が高まる」とか、「一般市民の間で反難民感情が高まると、極右政党が伸張する」という単純な因果関係は成り立たないことが、実証研究で指摘されている。「どのような条件下で極右政党が伸張するのか」は別の研究が必要となる問いである。

その上で、極右政党が何らかの機運に乗って支持層を増やし、連立政権入りしたり閣外協力が必要になると、連立政権の人道的庇護政策にブレーキがかけられてきたのも近年の傾向である。以下ではまず、デンマーク、スウェーデン、フィンランドの内政と庇護政策の直近の変革を概観する。その上でノルウェイの現状を検討し、かなり強力な極右政党が存在するのになぜノルウェイの第三国定住政策は生き残っているのかという問いに挑んでみたい。

【デンマーク】

デンマークにおけるポピュリスト極右系政党の歴史は長く、既に一九七〇年代からその萌芽が見られる。当初の主張である高い税率や官僚機構への反対に加え、八〇年代からは「反移民」も掲げるようになってきた。二〇二三年時点で議会に議席を有する極右系政党は三党あるが、そのうち政権側と何らかの協力関係にあったことがあるのはデンマーク国民党（Danish People's Party 一九九五年結党）だけで、いずれも連立与党として政権入りしたことはない。ただしデンマーク国民党は、反移民や人種差別的主張を展開し低所得者層や地方で支持を集め、一九九八年以来議会で議席を有し続けており、二〇一五年の総選挙で二一・一％の得票率を達成、第二党にまでなった。とりわけ二〇〇一年の総選挙で中道左派の社民党が七七年間の最大政党の座から引きずり降ろされ、二〇〇一年から二〇一一年までの中道右派政権との閣外協力を通じて、デンマーク国民党が重視していた庇護政策の厳格化が実施された。

デンマークの極右ポピュリスト政党の反移民色や社会保障をめぐる排外主義の影響力は強く、社民党ですら排外主義的言説を取り込んだからこそ、「庇護選挙」と呼ばれた二〇一九年六月の総選挙では社民党が政権を奪還し単独与党政権を樹立しえた、との見方がある。二〇二二年一一月の総選挙でもデンマーク国民党は大敗を喫し、二〇年ぶりに大勝した社民党はより安定した政権運営を目指し、自由党(中道右派)と穏健党(中道)との三党連立政権を樹立している。

このような内政を念頭に庇護政策の変遷を見てみると、一九八三年には「世界でも最もリベラル」とデンマーク難民評議会(世界で最も権威ある難民関連NGOの一つ)が称えた外国人法が制定されたが、一九九〇年代の庇護申請者の増加を経て、一九九九年の統合法の成立、二〇〇一年の外国人法の改正と右派政権の樹立を経て、少しずつ難民受け入れの厳格化・縮小化が進んできた。長年、庇護に関するEUの諸指令などにも不参加で、他のEU諸国と比較すると難民受け入れ数は一貫して低い水準に留まってきた。

例えば二〇〇〇年代初頭から二〇一三年までの毎年の庇護申請者数はおおむね一万人以下で推移し、「シリア難民危機」でも他の西欧諸国よりもずっと少ない庇護申請者しか流入していない。ところが、コペンハーゲン近郊の高速道路を徒歩で渡る中東・アフリカ出身らしき大勢の庇護申請者の映像が大々的に報道されると、実際にはその大多数はスウェーデンを目指していたにもかかわらず、「大量の難民がデンマークに押し寄せている」、「デンマークが外国人に侵略されている」という誇張されたイメージがメディアを通じて流布された。当時の議会ではデンマーク国民党が第二党という強い影響力を持っていたこともあり、二〇一五年から二〇一八年の間にデンマークの移民・難民政策は七〇回以上改訂され、どれだけ庇護申請者にとって

「魅力のない国になるか」が徹底され、社会統合や定住支援よりも収容と送還が重視されるようになった。庇護申請者の社会保障アクセスを制限し、難民認定基準を厳格化し、永住権獲得までに必要となる滞在年数を延長し、単身難民の社会保障レベルを引き下げ、家族呼び寄せのために必要となる要件を引き上げ、難民不認定者の強制送還の徹底などが図られた。

二〇一六年には庇護申請者から貴金属を没収できる法律が制定され、二〇一七年からしばらく難民の第三国定住を原則中止、二〇一八年には公共の場でのブルカやニカブの禁止、二〇一九年には難民認定された者にですら時限付きの暫定的在留資格しか付与せず、できるだけ早く本国に帰還させることが原則となった。さらに二〇二一年には「ダマスカスは既に安全」と主張しシリア難民の滞在許可を取り消し始め、出国センターへの実質的収容が始まる（ただし二〇二三年末時点では実際に送還されてはいない）。これら一連の変革は「パラダイム・シフト」と呼ばれている。

さらに二〇二一年六月には、社民党の党首や大臣まで「ゼロ庇護申請者政策」を提唱するようになる。デンマークで庇護申請を行う者はまず全員「転送可能性」を簡易かつ迅速な方法で審査し、転送可能と判断された者はデンマーク域外に設置される予定の「審査所」に転送され、その域外審査所にて難民と認定された者はルワンダに移送されるという法律まで制定された（ただし二〇二三年末時点では未実施）。二〇二二年以降は、第三章で触れたようにイギリスによ

ものであった。

る庇護申請者のルワンダ移送政策が注目されたが、同様の案は既にデンマークも計画していたものであった。

これらの国際法違反ギリギリの難民排除政策の結果、庇護申請者数はさらに激減した。そのため二〇二〇年からは、毎年上限二〇〇人の「最も脆弱な難民」用の第三国定住枠を再開する決定がなされ、表6-1の通りごく少数の難民がチラホラと受け入れられている。しかし、第三国定住難民の受け入れはあくまでも「上半期に多くの庇護申請者が到着せず、既に国内にいる難民の社会統合が順調である場合のみ」と条件付きであるため、不安定なプログラムとなっている。また対象者は、コンゴ民主共和国出身でルワンダ在住の女性や女児であるキリスト教の難民に限定されている。これは、デンマークからルワンダに転送される予定の難民との「交換」としての受け入れではないか、と指摘されている。

一縷の望みとしては、穏健左派政党や中道政党が極めて制限的な庇護政策を取りこんだ結果、極右政党の勢いは二〇二三年時点では減退していること、そして一連のパラダイム・シフトや「ゼロ庇護申請者政策」に対して、政権与党である社民党の支持者の大多数が明確な反対意見を表明していることである。今後の政局次第では、人道的受け入れ政策に徐々に巻き返しが図られる可能性もある。

【スウェーデン】

スウェーデンは、一九九〇年代から継続して他の北欧諸国と比べて絶対数でも人口比でも多くの庇護申請者や難民を受け入れ、また長年、極右政党は少なくとも国政レベルでは存在していなかった。一九九〇年代前半に今は解党した極右政党が一時存在した以外は、二〇一〇年にスウェーデン民主党(Sweden Democrats　一九八八年結党)が議会(三四九議席)に二〇議席を獲得したのが中期的な国政参加の始まりと言える。同党は二〇一〇年以降、毎回の総選挙で急激に議席数を延ばし続け、二〇一四年の総選挙で議会第三党にまで躍進した。これは、結党当初に党の指導部が持っていたとされるナチズムや過激派との繋がりを一掃したことが支持層の拡大に繋がったためとされるが、それでも主要政党は長年スウェーデン民主党との協力はタブー視してきた。またスウェーデン民主党は当初から一貫して「反移民」をその主張の中核に掲げてきたことも、他の北欧諸国にはみない特徴である。

移民・難民政策の大枠は一九九四年の庇護申請者等受け入れ法、二〇〇五年の外国人法および二〇〇六年の外国人法施行令で定められ、二〇〇六年の施行以来何度も改訂されてきた。スウェーデンでは長年、庇護申請者の処遇においてEU指令の最低基準を明確に上回る寛容な政策を実施してきたが、最近の大変革は二〇一六年の外国人法改訂であった。中道左派の社民党率いる左派連立政権側の議席数が過半数に届いていなかったこともあり、二〇一六年以降は庇護申請者の処遇条件が段階的に厳格化されてきた。例えば難民認定された者でも即時には永住権を付与しない（条約難民には当初三年間、補完的保護対象者には当初一年間の更新可能な在留資格）、家族呼び寄せの要件を厳しくする、難民不認定者や送還対象者の社会保障アクセスを制限する、永住権審査を厳格化するなどの内容を含む暫定法が策定された。当初は二〇一九年までの時限付き暫定法であったが二〇二一年に無期限延長され、実質的に「新外国人法」となった。

その背景にはやはり「シリア難民危機」で、二〇一五年の庇護申請者が一六万人を超え二〇一〇年の五倍以上となったことや、二〇一七年のストックホルムでの難民不認定者によるテロ事件、特に移民一・五世代や第二世代による都市郊外における暴行・暴動・銃撃事件の増加がある。「スウェーデンにおける難民の社会統合が失敗した」、「スウェーデンの寛容な社会保障制度が外国人によって濫用されている」という言説が、極右系議員や団体の活動もありSNSで拡散していった。ヨーロッパ社会調査やイプソス、ヨーテボリ大学などの世論調査でも、二〇一五年がそれまで寛容だったスウェーデンの庇護政策の転換点になったことが明らかになっている。この頃から、「スウェーデンが世界で最も魅力的である必要はない」、「どうしてもスウェーデンに居たいならスウェーデン的生活様式に合わせるべき」という意見が広まり、右派のみならず穏健左派政党も徐々に対応せざるを得なくなった。スウェーデンは、EUでありシェンゲン圏内であり、かつ一九五四年に創設された「共通北欧労働市場」圏内でもあるため、本来は往来自由であるはずのデンマークとの国境においても、通行検査が一時再開された。長年、世界の人道的庇護政策を牽引してきたスウェーデンの「庇護疲れ」、「優等生スウェーデンの終わりの始まりだった」と振り返る地元識者もいる。

ただ二〇一九年時点では、全ての厳格化は自力でたどり着いた庇護申請者についてのみであり、第三国定住に関する量・質共に寛容な政策は継続していた。庇護申請者数は、「EU＝トルコ声明」(第三章参照)の影響や感染症対策としての国境封鎖もあり二〇一六年以降激減し、二〇二〇年以降は毎年二万人以下で推移している。そのおかげもあり、極右政党であるスウェーデン民主党以外の全ての党が、表6-1の通り第三国定住の年間受け入れ枠を一九〇〇人から五〇〇〇人に拡大することに議会で合意した。

ところが二〇二二年九月の総選挙の結果、与党社民党(一〇七議席獲得)が第一党を維持したものの政権は失い、スウェーデン民主党が七三議席獲得し初めて第二党となった。第三党となった中道右派である穏健党(六八議席)がキリスト教民主党(一九議席)と自由党(一六議席)と連立政権を組んでも議会での過半数(一七五議席)に到達しないため、上記三党が従来の慣例を破ってスウェーデン民主党による政策面での閣外協力を仰ぐことで、(中道)右派連立政権を樹立・運営していくこととなった。この方針は上記四党の党首間で二〇二二年一〇月に合意され、その最終交渉が行われた城の名前にちなんで「ティドー(Tidö)合意」と呼ばれている。合意書では、スウェーデン社会における最重要テーマ六項目について四党協働で取り組む上での指針が示され、その一つが「移民の受け入れと社会統合」である。庇護政策については、国際法やEU法の最低限レベルに合わせること、在留資格は原則的に暫定的なものとすること（ただし第三国定住難民への即時永住権付与や、市民と同等の社会保障受給権は維持）、強制退去の確実な実施、「安全な出身国」の概念とリストの見直し、社会統合の義務化、長期滞在者はスウェーデン社会の一員となることの重要性などが強調された。

また第三国定住政策についても、①年間受け入れ枠は少なくとも向こう二年間は九〇〇〇人まで減少させる、ただし五〇人は「脆弱なケース」用とする、②受け入れ要件として、スウェーデン社会への統合やスウェーデン的価値観・生活様式の受容の見込みを重視しつつ、女性や女児、LGBTQなどの脆弱な人々を優先する、③緊急ケース以外は、受け入れ前の個人面接を原則とする、④受け入れ後の分配は、各受け入れ自治体のキャパシティを加味した上で中央政府と契約を結ぶ、ことなどが明記された。

スウェーデンの第三国定住政策の歴史で「社会統合の見込み」が選抜基準に入ったのは、これが初めてである。筆者がスウェーデン民主党員から直接聞き取ったところによると、これらの制限的な変革は全て同党の強烈な要求によるものだが、与党三党は粘り強く難民保護を死守しようとしたため「押し戻し」があった末の妥協の産物であったという。このティドー合意の内容を踏まえ、二〇二二年一一月にクリステルソン首相は正式に二〇二三年・二〇二四年の第三国定住難民枠を九〇〇人まで削減すると発表した。これら一連のスウェーデン庇護政策の大転換も「パラダイム・シフト」と呼ばれている。

【フィンランド】

フィンランドには、北欧諸国で最も長い極右ポピュリスト政党の歴史がある。一九五九年には現在の地方党が反体制派を中心に結成され、一九七〇年に国会で議席を獲得した後、一九八三年から一九九〇年には連立政権入りも果たしている。一九九五年に財政破綻した後は、実質的に現在のフィンランド人党(Finns Party)に引き継がれた。同党は二〇〇〇年代初頭から移民「問題」を強調し始めるものの一〇年ほどは泡沫政党のままであったが、少しずつ支持基盤を拡大し、二〇一一年の総選挙では一九・一%を得票し第三党に躍り出る。さらに二〇一五年の選挙では一七・七%の得票で第二党となり、中央党と中道右派の国民連合党との連立政権入りを果たした。

その後二〇一九年選挙でもほぼ現状維持し、二〇二三年四月総選挙では二〇・一%の得票率で四六議席獲得という党史上最大の躍進を果たす。その結果、マリン(前)首相が率いる中道左派の社会民主党は第三党となり政権交代を余儀なくされた。野党であった国民連合党が二四%

得票して第一党となり連立政権樹立が進められ、二〇二三年六月にフィンランド人党、スウェーデン人民党（Swedish People's Party of Finland 中道左派）、キリスト教民主党（保守系）との四党連立による右派政権が発足した。

過去五年間のフィンランド人党の伸張は移民・庇護政策ではなく、党幹部の属人的な要素や対EU政策の結果だと言われているものの、新政権発足と同時に発表された政権綱領では重要政策項目の一つとして「移民受け入れと統合政策」が打ち出された。他の北欧諸国の庇護基準と足並みを揃えることや庇護政策の濫用・誤用対策の強化など、自力でたどり着いた庇護申請者の処遇を厳格化する方針が明記された。また二〇二四年以降の「外国人法」改正の重要項目として、難民認定者の当初の在留期間を三年間に短縮、重大犯罪を犯した庇護申請者の強制送還、正当な理由の無い複数回申請の制限、永住権取得要件の厳格化、社会統合プログラムを履修しない難民への罰則導入、中央政府から地方自治体に支払われる外国人統合支援費用の補償期間の短縮などが挙げられている。

第三国定住については年間受け入れ枠を五〇〇人に半減させる一方で、従来通り特に脆弱な難民の受け入れや文化的・民族的に迫害されている集団の受け入れは維持されることとなった。内務省や入管サービス局の公式ウェブサイトでも、第三国定住制度は女性や子ども、障碍を抱える極めて脆弱な難民を迅速かつ効果的かつ合法的に救出する重要な人道政策であることが強調され、引き続き年間枠のうち一割程度は緊急ケース用として確保されている。関係省庁の担当官によると、この年間五〇〇人の第三国定住枠を死守できたのは、与野党間のギリギリの交渉と妥協の産物であったという。

上記三カ国をまとめると、デンマークは少なくとも二一世紀に入って以来、庇護政策では欧州の異端児（の一国）と見なされているため、「庇護ゼロ政策」を展開し第三国定住受け入れを数年休止したこともあまり驚きはなかった。しかし、長年人道的な第三国定住政策において重要な一つの核となって世界を牽引してきたスウェーデンとフィンランドの政策転換は、関係者を震撼させたことは否めない。

一方、他の北欧諸国がこうして軒並み「どれだけ難民にとって魅力のない国になるか」競争を展開し、第三国定住での年間受け入れ枠を縮小させるなかで、異彩を放っているのがノルウェイである。

## ノルウェイの第三国定住政策

ノルウェイにおいて第三国定住政策の実務的総指揮は、法務・公共安全省（Ministry of Justice and Public Security）の下部組織としての入管局（Norwegian Directorate of Immigration：UDI）と、労働・社会包摂省（Ministry of Labour and Social Inclusion）の下部組織としての統合・多様性局（Directorate of Integration and Diversity: IMDi）が執っている。加えて外務省も人道的外交政策という観点や、関係諸外国やＵＮＨＣＲ・ＩＯＭとの折衝・調整において、さらに保健・ケアサービス省（Ministry of Health and Care Services）も、公衆衛生の観点や難病を抱える難民について、重要な役割がある。

議会における政治的交渉を経て毎年の受け入れ人数や予算が承認された後は、ＵＮＨＣＲの優先順位やＮＧＯからの意見、各省庁からのインプットと交渉を経て、どこにいるどのような難民を何名受け入れるのかが決められる。近年は年間枠として三〇〇〇人前後が設定され、自力で到達し審査を経て難民認定される者よりも第三国定住でやって来る難民の方が多数という規模感である。第三国定住難民の選定基準は、長年の間に多少の微調整はあったものの、基本方針としては、脆弱性と統合・自立の可能性をバランス良く加味するという姿勢を一九八〇年代から一貫してとってきている。

どのような者を「脆弱」と見るかの基準としては、複数の子どもがいる家族、危険な状態にある女性・女児やＬＧＢＴＱＩＡ＋のケース、宗教による迫害のおそれがある難民が、特に優先度が高いとされる。選考過程では、難民との直接面談の機会を重視するが、書類ベースだけで受け入れを決定する「緊急ケース」（四八時間以内に受け入れ可否を判断）、様々な「高いニーズのあるケース」、特別な治療を要する「医療ケース」というカテゴリーも設けられている。「緊急ケース」には予め上限は定められていない。「高いニーズのあるケース」(例えば身体障碍者)にも上限はないが、既に入国した難民の生活状況を統合・多様性局が観察・査定し、どの程度自立した生活に向けて進展がみられるか、受け入れ自治体側の感触や意向も調査した上で、次年度の難民をどの自治体に割り当てるかの参考にするという。「医療ケース」については、ノルウェイで適切な医療が提供できるか、入国後の治療で「劇的な回復や生活の質が向上する見込みがあるか」を重視し、中央省庁はオスロ大学病院の医師団と綿密な事前協議を行うという。例えば難民キャンプ内では行えないような複雑な手術を緊急で行えば、通常のノルウェイ市民として生活できそうな難民などが想定されるという。二〇二三年の医療ケースは、約六〇ケースと上限が定められている。書類審査で受け入れられた者には当初一年間の、通常ケースは五年間の在留資格が与えられ、その後永住権を申請することができる。

ノルウェイの選抜基準には、純粋な人道主義に加えて実利的なバランス感覚も色濃く反映されている。政府文書では「ノルウェイ社会に馴染める可能性が高い難民を優先する」とも明記されており、脆弱性だけでなく、難民が持つ技能、言語能力、学歴など「統合の可能性」も重視される。特に脆弱なケースを選ぶ場合にも、今は病気や年齢のために脆弱であるがノルウェイ移住の機会を与えられたら、ノルウェイ社会で頑張って生活していくための潜在的能力や意欲がありそうかを見るという。これらは国全体としての長期投資として見なされる。難民がノルウェイ入国後にどの自治体で生活を始めるかの割り当てにおいては、自治体の意思が重視される。つまりスウェーデンと異なり、受け入れ自治体による事前合意を受け入れ要件としているため、予め受け入れを自発的に申し出なかった自治体には受け入れ義務は生じない。しかも受け入れを希望した自治体のキャパシティや難民とのマッチングを事前に統合・多様性局が慎重に精査し、中央省庁と地方自治体との事前交渉と合意を経た上でのみ、最終的に難民の定住地域が決められる。

いったん受け入れが決まった自治体は難民の定住支援の義務を負い、住居、教育、医療、職業訓練、就労などで他の一般市民と同等の支援を提供すると共に、難民用の「定住プログラム」を二年ないし三年間提供する義務を負う。この定住支援の費用として、自治体には中央政府から五年間、難民一人当たりの決まった「定住補助金」が支給される。その具体的金額(二〇二三年夏時点)を示したのが表6-3である。難民のプロフィールや滞在年数によって金額は異なるが、原則五年間支給される。もし五年経つ前にその難民が就職し自治体の公的支援から自立した場合でも、自治体は中央省庁からの定住補助金を受給し続けることができ、必要なくなった補助金の残金は自治体が自由に使用できるという。これは、自治体がそもそも難民受け入れに立候補する動機付けになると共に、受け入れ後の言語習得や就労を積極的に支援する上でも自治体側にとって強いインセンティヴとして機能する。なお、保健医療について難民は入国直後から市民と同じ権利があるが、「医療ケース」や「高いニーズのあるケース」のための高額医療や特別な支援が必要なケースにかかった費用は、自治体が中央政府に精算申請できる。

一八歳から五五歳までの成人難民は、地方自治体が提供する定住プログラムに参加する義務があり、例えば選抜時点で定住プログラムへの参加に難色を示すような難民は、第三国定住にそもそも選ばれない。定住プログラムでは、ノルウェイ市民として生活する上でどのような権利と義務があるか、ノルウェイ社会で「成功」するとはどういうことか、何が必要かがしっかり伝わるようにしているという。定住プログラムに参加している間、難民には生活費が地方自治体から支給されるが、受給するには割り当てられた自治体に留まって定住プログラムに参加する必要がある。またその給付額は一般の生活保護よりも若干高く、かつ通常の賃金水準より

**表 6-3　ノルウェイにおける定住補助金**
(2023 年 8 月)

| | | |
|---|---|---|
| 1 年目 | 単身者である成人 | 241,000 |
| | 家族のいる成人 | 194,300 |
| | (親のいる)子ども | 194,300 |
| | 身寄りの無い子ども | 187,000 |
| | 幼児支援(1 回限り) | 27,100 |
| | 高齢者支援(1 回限り) | 176,000 |
| 2 年目 | 1 人当たり | 249,000 |
| 3 年目 | 1 人当たり | 177,300 |
| 4 年目 | 1 人当たり | 88,000 |
| 5 年目 | 1 人当たり | 72,000 |

出典：ノルウェイ入管局資料から筆者作成
注：ノルウェイ統合・多様性局から難民受け入れ自治体への支給であって，難民本人への支給ではない．単位はノルウェイ・クローネ，10 万クローネは約 140 万円(2024 年 1 月時点)

も若干低く設定されている。これにより、到着直後の難民には地元での定住プログラムに参加する動機付けを与えつつ、早く仕事を見つけて自立する意欲も促進する効果があるという。

このように、受け入れ自治体側、第三国定住した難民側、その双方に動機付けの具体的仕掛けを施すことで、「難民のノルウェイ定住における成功率は極めて高い」と政府の担当職員は誇らしげに話してくれた。ここで言う「成功」とは就労や就学を意味しており、入国後三年間にフルタイムでの就労（生活保護からの脱却）や就学（将来的な自立に向けた訓練）を果たす難民は五〇％を超える。成人難民の就労率に関して全世界を網羅したデータや科学的な分析は無いが、他国の事例調査と比較すると、ノルウェイの実績は確かに高めと言える。

## なぜノルウェイだけ「パラダイム・シフト」が起きていないのか

そもそもEU加盟国は、第三国定住難民を受け入れるごとに一人当たり六〇〇〇ユーロ、受け入れた難民がEUの第三国定住政策上の優先カテゴリーに当てはまる場合には一万ユーロの補助金を、EUの「庇護、移住、統合基金」（AMIF）から、詳細な使途報告義務も残金返済義務も無しに受け取れる仕組みになっている。EU加盟国であるデンマーク、スウェーデン、フィンランドはこの基金から費用の一部を補塡することができる。しかしノルウェイはEU加盟国ではないため、このEUの第三国定住用補助金制度から裨益できないのに、人口比で大規模の第三国定住を継続的に行っている。

また「シリア難民危機」では多くの難民がノルウェイにも流入し、自力でたどり着いた庇護申請者に対しては種々の制限的措置が採られた。しかし第三国定住政策については量・質共に、少なくとも二〇二三年末時点ではノルウェイでは大変革は起きていない。表6-1で二〇二三年以降の受け入れ枠が減少したのは、二〇二二年三月より七万人以上入国したウクライナ(避難民の受け入れ負担を加味した一時的な調整に過ぎない。聞き取り調査をさせてもらったノルウェイ政府関係者は「特に脆弱な難民受け入れを含む第三国定住政策の是非が論争になったことは、ノルウェイ社会では一度もない」と断言する。なぜノルウェイだけ北欧諸国間で「生き延びられて」いるのだろうか。

## ノルウェイの極右政党の戦略

ノルウェイでも反体制派・ポピュリスト政党の歴史は長く、既に一九七三年には現存する極右政党である進歩党(Progress Party)が結成されている。一九八一年以来継続的に議会に議席を有し、当初は大幅減税や小さな政府を中心的主張としていたが、一九八五年頃からは移民「問題」も綱領に入れるようになった。進歩党の得票率が最も高かったのは二〇〇九年選挙(二二・九%)で、一六九議席中四一議席を獲得という大躍進を達成する。二〇一一年の地方選挙では大敗を喫するものの、二〇一三年から二〇二〇年は保守党主導下で正式に連立政権入りも果たしている。デンマーク国民党やフィンランド人党、スウェーデン民主党よりも国政レベルで議席を有する歴史はずっと長く、得票率も一九九七年から二〇一七年の選挙まではおおむね一五％以上で推移してきた。北欧四カ国の間ではある意味で「最も成功してきた」極右政党と言える。

他の西欧諸国と同様、二〇一七年の選挙では移住・庇護政策が最も重要な争点となり、進歩党は二七議席を獲得、第三党を維持した。しかし他の北欧諸国の極右政党と比較すると、移民・難民の排斥よりは減税や規制緩和といった経済・財政問題を主軸に置いており、また移民問題でも排外主義というよりは強い同化主義的主張を展開しているという点に特徴がある。そもそも他の北欧諸国の極右政党と異なりナチズムとのつながりという背景は無く、極端な思想を持つ党員も一掃することで徐々に「まともな極右」、「合理的人道主義は尊重する極右」として支持基盤を拡大してきた。また穏健派政党側も、「難民にどのような支援や動機付けを与えて早くノルウェイ社会に貢献してもらうか」という福祉国家としての伝統に則る議論に集約させることを戦略としたという。この戦略は中道左派と右派政党の成功であり、極右政党の失敗と捉えられている。進歩党も、外国人排斥などの極端な主張をするよりは、穏健路線を追求したほうが連立政権入りできる可能性が高まるという算段が働いたのでは、という指摘もある。

## 政治交渉と妥協

進歩党は過去には連立政権入りも果たしており、特に二〇一五年以降は進歩党の主張もあって、自力で到達する庇護申請者に対しては他の北欧諸国と同様に厳格な政策が採られた。二〇一五年から二〇一六年にかけて、主にノルウェイ北部のロシアとの国境を通ってやって来る庇護申請者に対して以下の制限的な措置を採ることが、与野党間での激しい交渉の末に社会主義左翼党と環境党以外の超党派で合意された。①難民不認定者の送還は確実かつ迅速に行う、②庇護申請者として入国した者への社会保障は制限的、③永住権や家族呼び寄せには、就労や納税、語学能力などの一定要件を設ける。

その一方で、時期を同じくして二〇一五年には、主要ＮＧＯが協同し「ようこそ難民」キャンペーンを展開。進歩党と社会主義左翼党以外が超党派で合意し、庇護申請者や通常の第三国定住枠に加えて、三年間で八〇〇〇人のシリア難民を第三国定住経由で受け入れる方針が決定され実施された。第三国定住枠は進歩党議員が入管局担当大臣であった時ですら削減されなかったという。これについて、政府関係者は「確かに進歩党員の一部には、削減させたいと思っていた政治家もいたが、他の連立与党との政治的交渉において押し通せなかったものと理解している」と述べている。

ここにもう一つの重要なカギがある。ノルウェイは日本と違い、多くの中規模政党の間で連立政権を組まないとならない多党制政治である。そのような政権運営には、政治的交渉と妥協そしてコンセンサス作りが不可欠である。仮に進歩党などの一部の政党が極端な提言をしても、他の政党との交渉過程で通らない可能性が高い。ノルウェイの庇護政策に携わってきた専門家も口を揃えて、「民主主義においてある程度の意見の相違は不可避。交渉と説得を通じてどの程度幅広い政党間で妥協点を見出しうるかが勝敗のカギ」と強調していた。

第三国定住の年間受け入れ枠と予算は議会における政治交渉プロセスを通じて承認され、過去一〇年ほどの慎重な実施と政治交渉を経て、年間一〇〇〇人程度から三〇〇〇人程度に拡大されてきた。しかし国内外の政治情勢によっては、今後はどうなるか全くわからず、何か大事件が起きれば急減せざるを得ない可能性もある、と政策決定者は慎重であった。ウクライナ（避）難民の流入はその一例であろう。それでも、少なくとも二〇二三年末までは極右政党が難民「問題」を政争の具にできなかった理由は、多党制のみならず、以下で述べる徹底した統合・定住政策にもあるという。

## 人道性と定着可能性のバランス感覚

ノルウェイの庇護政策は従来から、比較的厳格なスタンスを維持してきた。一般的にノルウエイの移民政策は「スウェーデンほど優等生ではないが、デンマークほど酷くもない」と評され、第三国定住政策はスウェーデンやフィンランドと比較すると以前から「少し厳しめ」という特徴がある。政府関係者も研究者も「ノルウェイの政策は人道的で公正だが厳格」と評し、人道主義の原則と、定住や自立の可能性という実利主義のバランスを重視してきたことを認めている(図3-1参照)。

他の北欧諸国ではおおむね二〇世紀の間は、「とにかく寛容で平等な社会保障へのアクセスを付与するので、あとは自分で頑張って下さい」という自由放任主義であり、入国後の定住・統合政策やそのフォローアップを公的機関が必ずしも積極的には行ってこなかったという。寛容・平等でありかつ自由で自己責任というのは一見すると人道・人権に則っているように見えるかもしれない。しかしその意図せざる結果として、統合支援プログラムに参加しない、現地語が話せない、就学・就労で躓く、社会保障に依存する、地元社会との接点が無くなる、「ゲットー」化する、社会から取り残される、疎外感や排除感から非行化する、という一定のパターンが現れ始める。それに対し地元住民からは、「社会保障に依存しながら犯罪を犯すなど言語道断」という反感が出始める。

その一方、ノルウェイでは、難民本人・受け入れ自治体・中央省庁の間の権利義務関係を明確化し、個々人の定住プランを策定し、言語習得・就学・就労を義務付け、地元住民から定住支援ボランティアを募り、民間企業に難民をインターンシップで受け入れてもらい、地元の高齢者と若い難民との間のコミュニケーション促進に努め、過疎地に定住してもらうことで地域の活性化や人口政策に貢献してもらってきた。これにより、難民が疎外感を抱きにくいと同時に、受け入れ側の極右化を抑制できている、という。一言で言えば、徹底的な統合政策と具体的な仕掛け作りである。

### 犯罪率の減少

徹底した統合・定住政策の成果とも言えるのが、減少傾向にある犯罪率である。二〇一七年にノルウェイ統計局が発表した一九九二年から二〇一五年までの移民および第二世代による犯罪率に関する分析によると、移民および第二世代の犯罪率は地元民の犯罪率と比べ、一九九二年が一・五倍、二〇〇二年が一・八倍、二〇一五年が一・四倍と高くはあるものの、二〇〇二年以降はおおむね減少傾向にあるという。加害者が庇護申請者だったか、第三国定住難民だったか、それ以外の外国籍者だったかの内訳は無いが、犯罪の種類をみるとDVや若者による非行犯罪がほとんどである。少なくとも近年のノルウェイにおいて、難民や庇護申請者が犯した有名な凶悪犯罪は思いつかない、と地元の専門家も言う。

逆に進歩党にとって大打撃だったのが、二〇一一年七月、元党員であり極端な白人至上主義とイスラム嫌悪主義を抱えるアンネシュ・ブレイビクが起こしたテロ事件（オスロで八名、ウトヤ島で青少年六九名を集団射殺）であった。この事件直後の地方選挙で敗北を喫したこともあり、進歩党はそれ以降反移民主張をトーンダウンさせ、移民「問題」を主な争点から外していく。さらに二〇一九年に起きた地元民によるモスク襲撃事件により、イスラム嫌悪主義的主張を展開しにくい状況にもなった。

## 世論による根強い支持と広範な理解

徹底した社会統合政策と、「難民と凶悪犯罪」を結びつける印象を与えるような大事件が起きていない結果として、一九九〇年代から継続的に実施されている世論調査では、一般市民の圧倒的大多数が外国人に対する良好な感情を持続している傾向が見られる。表6-4は、ノルウェイ統計局が定期的に実施している「移民や移住政策に関する世論調査」である。「移民がノルウェイ社会に労働面で重要な貢献をしている」か否かという設問に対し、「強く同意する」と「おおむね同意する」を合わせると二〇二三年時点で八七％が肯定的に回答している。また難民や庇護申請者がノルウェイにおける在留資格を得る要件についても、「容易にすべき」あるいは「現状維持」という意見が、「厳しくすべき」を常に大きく上回り、前者の割合は過去一〇年間増え続け二〇二三年では八〇％である。別の独立研究者チームが行った世論調査でも

表 6-4　ノルウェイの世論調査

| | 2014 年 | 2022 年 | 2023 年 |
| --- | --- | --- | --- |
| ほとんどの移民はノルウェイ社会に労働面で重要な貢献をしている | (%) | (%) | (%) |
| 強く同意する | 32 | 45 | 49 |
| おおむね同意する | 45 | 36 | 38 |
| あまり同意しない | 9 | 4 | 3 |
| 全く同意しない | 3 | 1 | 1 |
| ほとんどの移民はノルウェイ社会の文化的側面を豊かにする | | | |
| 強く同意する | 36 | 43 | 45 |
| おおむね同意する | 33 | 35 | 34 |
| あまり同意しない | 13 | 5 | 5 |
| 全く同意しない | 5 | 3 | 3 |
| ほとんどの移民はノルウェイの治安悪化の原因である | | | |
| 強く同意する | 9 | 4 | 3 |
| おおむね同意する | 19 | 11 | 11 |
| あまり同意しない | 31 | 26 | 34 |
| 全く同意しない | 29 | 43 | 38 |
| 難民や庇護申請者がノルウェイにおける在留資格を得る要件について，現状よりも容易にすべきか，現状より厳しくすべきか，現状維持とすべきか | | | |
| 容易にすべき | 18 | 22 | 22 |
| 現状維持 | 50 | 54 | 58 |
| 厳しくすべき | 28 | 12 | 9 |

出典：ノルウェイ統計局「移民や移住政策に関する世論調査」2023 年 6 月 27 日

同様に、特に二〇一五年以降難民に対する肯定的な見方が社会全体として強まったという。

要するに「ノルウェイ社会への移民や難民の社会統合がうまくいっている」、「移民や難民はノルウェイ社会に貢献してくれている」、「ノルウェイの移民・難民受け入れ政策は機能している」という理解が一般世論に広範かつ継続的に広まっている、ということが読み取れる。そしてこれら全ての事情により、ノルウェイでは全ての政党が庇護政策については左派・中道左派ないし中道右派という比較的穏健な立場を少なくとも二〇二三年末まではとっている。

図 6-1　5年にわたる亡命をへて，オスロに帰還するノルウェイ王室．左端のこちらを向いている少年が現国王ハーラル5世(1945年6月)

## 王室ファクター

最後に、上記のような世論と政党戦略の牽引力になっている別の要素として現地専門家が挙げたのが、「王室からのメッセージ」である。実はノルウェイ王室は、王家自身が第二次世界大戦中にロンドンに亡命せざるを得なかったという「難民」の背景がある(図6-1)。特に現国王ハーラル五世とソニア王妃は双方とも熱心な難民保護推進派で、現皇太子はノルウェイ難民評議会の名誉総裁である。現国王は、親難民派の公的メッセージをたびたび発出され、例えば二〇一六年九月の宮廷庭園パーティのスピーチでは、多様性と寛容性を以下の通り強調された。

「ノルウェイ人には神、アラー、多神教、無宗教の人がいます……ノルウェイ人とは、アフガニスタン、パキスタン、ポーランド、スウェーデン、ソマリア、そしてシリアから来た移民のことでもあります……私がノルウェイについて抱く最大の希望は、私たちが互いに助け合い、信頼と連帯と寛容さに基づいてこの国をさらに前進させることです」。

同スピーチには同性愛を明確に支持するフレーズが含まれていたこともあり、SNS上で三〇〇万回以上再生され国際的にも大きな話題となった。視聴者全員がノルウェイ市民とは限らないが、人口五〇〇万人強のうち多くがそのメッセージに触れたことは、想像に難くない。同様に、二〇二二年大晦日の一四分足らずのご挨拶でも二回「難民」に明示的に触れつつ以下のように述べられている。

「私たちは、助けを必要としている人にノルウェイの人々が人道活動やその他の役割を通して手を差し伸べる様子を日々目の当たりにします。そのような様子を私は誇りに感じ嬉しく思います」。

「国じゅうで人々は新しい隣人を迎えることとなりました。安全・安心を求めて難民たちはノルウェイでの新たな人生を始めようとしており、定住を助けようとする多くの市民の善意に支えられています。ノルウェイにたどり着いて新たな家庭を築こうとする人々が、人々の温かさと安寧を実感できることを願います」。

振り返ってみると第一章でも触れた通り、国際連盟時代の初代難民高等弁務官であるナンセンはノルウェイ人であり、またノルウェイは国連事務総長を輩出してきた国である。イスラエル・パレスチナ情勢で有名な「オスロ合意」（一九九三年）からも明らかな通り、ノルウェイはしばしば和平交渉役も果たしてきている。「人道大国ノルウェイ」としての国際ブランドと誇りを維持しようという王室からの強いメッセージは、一般世論にとっても一定の道標となっている、と現地専門家は話してくれた。

このようにノルウェイの第三国定住政策は、脆弱だが定住の可能性が高い難民を丁寧に選抜し、受け入れ側自治体と難民の双方に強い動機付けの仕組みが作ってあるため、入国後の就労や就学の成功率が比較的高く、犯罪率が低下しつつあり、庇護政策に関する市民による支持と理解が広範囲に広まっている。「定住政策が成功している」、「難民が地元社会に溶け込んで、貢献している」という地元社会側の理解と、受け入れ政策の持続可能性はコインの両面である。加えて王室ファクターもあり、極右政党も庇護政策を政争の具にしても選挙で勝てないのでしない、したがって比較的安定した第三国定住プログラムが継続的に運営できる。これら全てが相乗効果的に絡み合い、他の北欧諸国のような「パラダイム・シフト」は二〇二三年末時点では起きていない。

と同時に、周辺国であるデンマーク、スウェーデン、フィンランドのいずれの国においても、EUレベルでも、庇護政策全般において大変革の真最中である。ノルウェイはEU非加盟でありつつシェンゲン圏内ではあり、EUや他の北欧諸国との政策協調は従来から重視している。大きく揺れ動く世界情勢も相まって、今後の庇護政策の行方は、ノルウェイも含め全く予断を許さない。国家は脆弱な難民にどこまで寛容になれるのか、どのようにしたら寛容であり続けられるのか、いずれの国もその均衡解を探り続けている状態と言えよう。

# おわりに
## ――日本は今後どう難民を受け入れていくべきか――

第一章から第六章まで、世界が難民を受け入れて来た理由には、実に様々な論理と目的が絡み合っていることを見てきた。まずそこには人道主義があり、人権・人道を重視する国であるという国際的イメージの保持や向上という狙いもある。同時に、国民を迫害する本国政府に対する間接的な批判という外交的意味合いや、中長期的な人口政策という国益追求も見え隠れする。本国政府との社会契約関係が切れた者を他国が代理で保護する営みは、国民国家体制を前提とする現在の国際システムにおける主権国家間の相互保険的機能も果たしている。また、特に第三国定住を含む「連れて来る方式」でどの難民を選ぶかには、実に様々な論理と戦略が反映されている。さらに、自らが難民としての経験を持つ者が、様々な立場で重要な役割を果たすことにも触れた。難民受け入れは、人道と国益が複雑に交差する営みなのである。

ここまでの議論を踏まえた上で最後に、日本は今後どう難民を受け入れていくべきかについて、筆者の私見を共有したい。

まずは、第三国定住政策の量・質共の大幅な拡充である。二〇二三年末時点で日本政府が継続的に実施している第三国定住経由での難民受け入れは、年間六〇人、つまり一五ないし三〇世帯程度の日本社会への適応能力と就職の見込みのある者のみである。この規模は、もし日本が「専制と隷従、圧迫と偏狭を地上から永遠に除去しようと努めてゐる国際社会において、名誉ある地位を占めたいと思ふ」のであれば、あまりに少な過ぎる。

世界では「人口が多く、GDPが高く、失業率が低く、自力でやって来る庇護申請者数が少ない先進国ほど、第三国定住難民をより多く受け入れるべし」という規範的意識が広まりつつあり、日本はその筆頭国にあたる。仮に国際規範を度外視したとしても、日本自身のイニシアチブで二〇二二年には半年余りで二〇〇〇人を超えるウクライナ(避)難民を受け入れたが、「多過ぎる」とか「日本社会が混乱している」という見解は見られなかった。つまりウクライナ(避)難民の受け入れによって、日本が「やろうと思えば年間数千人規模の受け入れは問題なくできる」ことを自ら証明したのである。また、筆者は従来から庇護政策と労働移民政策のロジックは峻別すべきという立場ではあるものの、第三国定住難民世帯のうち九割以上が来日半年後に就労先を見つけ自立できているということは、国内の労働市場に需要があることの証左でもある。

第三国定住政策で見直すべきは規模のみならず質、つまり受け入れ要件でもある。二〇二三年末時点では「日本社会への適応能力がある者であって、生活を営むに足りる職に就くことが見込まれる者及びその家族」という絶対条件があり、見直される兆しは無い。しかしそれは難民受け入れの本来の主旨に合致しているのだろうか。同じ疑念を抱くのは筆者だけでなく、インドシナ難民受け入れや第三国定住施策の指揮を執った歴代の政府高官も、「特に脆弱な難民受け入れに踏み切れるかどうかが、日本の庇護政策が本物か否かの分かれ目」と吐露している。

確かに日本は難民受け入れの後進国であり、北欧諸国のように突然数十・数百人の特に脆弱な難民を受け入れるのが困難なのはわかる。しかし一ケースでも二ケースでも、例えば緊急手術を行えば普通に生活できるような難民を受け入れることすら日本はできないのだろうか。筆者は幼少期に「ベトちゃん、ドクちゃん」の日本への受け入れをテレビで見て育った世代である。幼いながらに「日本は良い国なんだな」と感じたことを今でも覚えている。他方で、昨今の日本の難民受け入れ政策については、難民認定基準の厳しさと第三国定住施策の偏狭さが相まって、折に触れて「日本は分相応の責任を果たしていない」と国際的に批判されている。難民を受け入れないことのメリットよりもデメリットの方が高くなってしまっているのである。

次が、海外にある日本の組織のために現地職員として働いた者とその家族の退避・受け入れ政策の緊急策定である。第三・四章でも見た通り、日本の組織と協力したために迫害のおそれが生まれる現地職員は今後も出て来ると思われ、特に二〇二一年八月のアフガニスタンの事例以降、そのような者と家族を(元)雇用主側の国が退避させ受け入れるべしという国際的規範が広まった。日本が今後も「顔の見える国際協力」を展開し、「積極的平和主義」を標榜するのであれば、より多くの現地職員との協力が不可欠になる。自衛隊法第八四条の四は二〇二二年に改訂され、大使館やJICA、JETROに勤める現地職員とその家族は自衛隊機に邦人の同乗者無しに搭乗できることになった。これは一歩前進ではあったが、彼らをどのような立場で日本国内に受け入れるかは空白状態であり、またそれらの組織で過去に働いていた者やNGOの現職現地職員はみな退避対象から外された。彼らを排除するのは日本自ら「優秀な現地職員は日本の組織で働かないほうが安全ですよ」と世界に向かって宣伝しているようなものであり、日本政府自ら国益を損ねている。この点について筆者は既に二〇一四年の安保法制時から警鐘を鳴らし続けており、(元)現地職員の退避・受け入れ態勢は、次の非常事態が起きる前、つまり今こそ至急整備しておかなくてはならない。

そして、難民認定基準や制度の不断の見直しと改善も重要である。既に第四章で述べた通りの理由から、難民認定率の低さを殊更に批判することの実質的意義は低い、というのが筆者の従来からの立場である。また、二〇二三年三月に発表された「難民該当性判断の手引」において、迫害概念の解釈の幅が広がり、立証基準の一部に目安が示され、特に「社会的集団の構成員」について時代に即した解釈が例示されたことは確かな前進であった。さらに二〇二三年六月に可決・成立した改正入管法に従い、「補完的保護」が導入されたことも筆者は概ね評価している。しかし、そのいずれにおいても筆者としては見直しを提案したい部分が既にいくつかあり、今後の実際の運用状況も踏まえながら、継続的に改善していくべきであろう。

特に難民認定制度と直結する問題で可及的速やかに改訂されるべき点の一つは、入管庁の幅広い裁量によって難民申請中の送還停止効を解除できる条文(第六一条の二の九第四項第二号)が成立してしまったことである。二〇二一年以来の入管法改正案への反対運動では主に「三回目以降の申請者の送還」が問題視されたが、実際の条文では、在留資格が無い難民認定申請者はほぼ誰でも、三回目どころか一回目の申請中でも送還の対象となり得る文言となってしまった。第五章でも見た通り、確かに難民条約三三条2項は、締約国の安全や社会にとって危険な難民(申請者)は送還してもよいという主旨の条文ではあるが、日本の入管法第六一条の二の九第四項第二号は難民条約違反と言わざるを得ない。

もう一つの点が、行政から完全に独立した第三者機関の難民認定制度への導入である。確かに難民条約には認定手続きについて詳細な規定は無く、異議申し立て機関が独立していないことが直ちに条約違反とはならない。しかしG7諸国間で、異議審が一審(ないし行政府)から独立していないのは日本だけである。日本には国内人権委員会ですらまだなく、第三者機関の設置には多大なる労力が必要であろう。しかし、「国内人権委員会が存在しない状態は国際的にもう持たない」とは中央省庁の役人自身からもしばしば漏れ聞こえる吐露である。この状態がこれ以上長引くと「日本は人権を軽視する国なのか」という国際的疑念が広がり、日本の国益を損ねかねない。国内人権委員会の設置準備と難民認定手続における異議審の独立は、同時並行的にかつ喫緊の課題として進めることが合理的であろう。

これらの要改善点の中には、二〇二三年の入管法改正案交渉過程で合意された与野党修正案によって一定程度手当てされたはずの部分もあったが、一部の難民保護派の戦略ミスにより修正案は幻と消えた。議会制民主主義における政策決定過程は交渉と妥協が不可欠という基本を想起し、本当に脆弱な立場に置かれた難民や庇護申請者の最善の利益を優先させるべく、次回の改正時には一歩でも二歩でも着実に漸進できることを切に願っている。

本書は冒頭、「生まれの偶然性」という概念から始めた。

二〇二三年四月二一日、入管法改正案審議のために衆議院法務委員会に参考人として筆者が招致された際に、ある議員から「日本はいい国だと思いますか？」という質問があった。その質問に対するその場での咄嗟の筆者の答弁を引用しつつ、若干補足する形で、本書を締めくくりたい。

「たまたま日本に生まれ、もし日本が「いい国」だと思っていらっしゃる方がいるとしたら、日本がいい国であるということを、たまたま「悪い国」に生まれた方々と分け合っていただけないでしょうか。それがまさに難民条約の前文に謳う、難民保護を世界の国々が協力して責任分担するということです」。

# あとがき

前任校である一橋大学大学院社会学研究科の貴堂嘉之教授のご紹介で、岩波書店の杉田守康さんから、このご時世には珍しい大変ご丁寧な手書きの書簡を頂いたのが二〇二二年春。難民に関連する怒濤の偽情報・誤情報がSNS上にとめどなく拡散される様子に途方に暮れ、いつか将来的には、「普通の日本人」にわかりやすい難民受け入れに関する入門書を書けたらとボンヤリ描いていた夢が、急に向こうから走って来てくれたような感覚であった。と同時に、岩波新書から一九九〇年に初版が刊行された故・本間浩先生のご名著をある意味で「継ぐ」形で書かせて頂くという大役であり、自分の微力で本当に果たせるのか不安であった。さらに大学での多くの講義や公務、その他の出版物、そして家族を抱えつつ、完走できるか甚だ怪しい時期もあった。二年かけてようやく刊行にこぎつけられたのは、この間、本当に温かく叱咤激励しアドバイスし続けて下さった杉田さんのお陰であり、まず心から感謝申し上げたい。

本書は、岩波書店関連の方以外にも多くの方々から貴重なご示唆やコメントを頂いた。順不同ではあるが、国際基督教大学の新垣修教授、元入管庁長官の佐々木聖子さん、東京経済大学の寺中誠客員教授、可部州彦さん、スウェーデン・マルメ大学の長南さや佳博士、その他多くの専門家や実務家に匿名を前提で査読して頂いた。さらに、一橋大学の井頭昌彦教授や関西大学の百木漠准教授にも部分的にご協力頂いた。また第六章は、北欧四カ国で筆者のインタビューに応じたり質問にメイルで答えてくれた多数の政策決定者、実務家、研究者がいなければ成立し得なかった。この場を借りて御礼申し上げたい。と同時に、もし内容や表現などに何らかの誤謬や不適切な個所があれば、それはひとえに筆者個人の力不足であり、予めお詫び申し上げる。

本書の内容は断りの無い限りほとんどが、二〇二三年末時点での世界情勢や情報、資料、統計に基づいている。ミャンマー、アフガニスタン、ウクライナ、パレスチナ、スーダン、ベネズエラなど世界各地の強制移住情勢は動き続けており、ＥＵの移住・庇護に関する新協定の内容も、バイデン政権による南部国境政策も、イギリスのルワンダ協定も、日本の改正入管法の内容や施行状況も、ほぼ反映できていない。本書を手に取っていただいた時点で既に古くなっているであろう内容も多くあり、数年後には書き直しが必要なことばかりである。さはさりながら、他の優れた専門書や学術書に進む前の入門書・概要書として、参考になれば幸いである。

本書を書き上げるには、筆者が頂いてきた様々な金銭的支援も不可欠であった。まず、オックスフォード大学院難民研究所での修士課程のために全額給付奨学金を頂いた英国のスワイヤー財団、サセックス大学での博士課程のために二年間全額給付の国際フェローシップを頂いた日本財団、そして北欧諸国での現地調査を可能としてくれたＪＳＰＳ科研費若手研究（23K12425）である。このような有難いご支援をPay forwardする意味も込めて、本書の冊子版の印税は全額寄付し、長年アフガニスタンで日本関連組織のために働いたものの日本政府が退避を拒否したため、筆者の知人が身元保証人となって日本になんとか退避させたアフガニスタン人難民一家の女児二名の教育資金に充てたい。

難民が一人でも多く保護され「生まれの偶然性」を乗り越えることに、本書が直接・間接に少しでも繋がれば本望である。

二〇二四年四月

橋本直子

# 主要参考文献


### 全体に関するもの

Cathryn Costello, Michelle Foster, and Jane McAdam (eds.), *The Oxford Handbook of International Refugee Law*, Oxford U. P., 2021.

Erika Feller, Volker Turk, and Frances Nicholson (eds.), *Refugee Protection in International Law*, Cambridge U. P., 2003.

Elena Fiddian-Qasmiyeh, Gil Loescher, Katy Long, and Nando Sigona (eds.), *The Oxford Handbook of Refugee and Forced Migration Studies*, Oxford U. P., 2014.

Guy S. Goodwin-Gill, and Jane McAdam, *The Refugee in International Law*, 4th edition, Oxford U. P., 2021.

橋本直子「第 6 部　ヨーロッパの難民問題」滝澤三郎・山田満編著『難民を知るための基礎知識――政治と人権の葛藤を越えて』明石書店，2017 年.

Naoko Hashimoto, 'Why Has the Government of Japan Embarked upon Refugee Resettlement?', PhD thesis submitted to University of Sussex, March 2019 (unpublished).

James C. Hathaway, *The Rights of Refugees under International Law*, 2nd edition, Cambridge U. P., 2021.

James C. Hathaway, and M. Foster, *The Law of Refugee Status*, 2nd edition, Cambridge U. P., 2014.

UNHCR, *Global Trends: Forced Displacement in 2022*, June 2023.

UNHCR 駐日事務所『難民認定基準ハンドブック(改訂版)』2015 年.

Andreas Zimmermann, Felix Machts, and Jonas Dörschner (eds.), *The 1951 Convention Relating to the Status of Refugees and its 1967 Protocol: A Commentary*, Oxford U. P., 2011.

### 第 1 章

David Cantor, and Jean-François Durieux (eds.), *Refuge from Inhumanity? War Refugees and International Humanitarian Law*, Brill, 2014.

Sara E. Davies, *Legitimising Rejection: International Refugee Law in Southeast Asia*, Brill, 2007.

Emma Haddad, *The Refugee in International Society: Between Sovereigns*, Cambridge U. P., 2008.

小泉康一『「難民」とは誰か――本質的理解のための 34 の論点』明石書店，2023 年.

## 第2章

Christopher W. Blair, Guy Grossman, and Jeremy M. Weinstein, 'Forced Displacement and Asylum Policy in the Developing World', *International Organization*, Vol. 76-2, 2022, pp. 337-378.

David Cantor, 'Does the UK's Illegal Migration Bill breach the Refugee Convention?', Refugee Law Initiative Blog (https://rli.blogs.sas.ac.uk), March 16, 2023.(2024年3月1日閲覧)

Dawn Chatty, 'Refugees, Exiles, and Other Forced Migrants in the Late Ottoman Empire', *Refugee Survey Quarterly*, Vol. 32-2, 2013, pp. 35-52.

Marcia Vera Espinoza, 'The Limits and Opportunities of Regional Solidarity: Exploring Refugee Resettlement in Brazil and Chile', *Global Policy*, Vol. 91, 2018, pp. 85-94.

橋本直子「VI　難民・避難民」『法学教室』509号(特集「戦争と法学」), 2023年2月.

橋本直子「一時的保護と補完的保護――EUとアメリカの現状と日本の課題」『多文化共生研究年報』20号, 2023年.

Lilian Lyra Jubilut, and Wellington Pereira Carneiro, 'Resettlement in Solidarity: A new Regional Approach Towards More Humane Durable Solution', *Refugee Survey Quarterly*, Vol. 30-3, 2011, pp. 63-86.

Jane McAdam, *Complementary Protection in International Refugee Law*, Oxford U. P., 2007.

## 第3章

Adele Garnier, Lilian Lyra Jubilut, and Kristin Bergtora Sandvik (eds.), *Refugee Resettlement: Power, Politics, and Humanitarian Governance* (Forced Migration Volume 38), Berghahn, 2018.

Daniel Ghezelbash, *Refuge Lost: Asylum Law in an Interdependent World*, Cambridge U. P., 2018.

Naoko Hashimoto, 'Refugee Resettlement as an Alternative to Asylum', *Refugee Survey Quarterly*, Vol. 37-2, 2018, pp. 162-186.

Naoko Hashimoto, 'Are New Pathways of Admitting Refugees Truly "Humanitarian" and "Complementary"?', *Journal of Human Security Studies*, Vol. 10-2, Special Issue 2021, pp. 15-30.

Jennifer Hyndman, et al., 'Sustaining the Private Sponsorship of Resettled Refugees in Canada', *Frontiers in Human Dynamics*, Vol. 3, May 2021.

OECD-UNHCR, *Safe Pathways for Refugees III: OECD-UNHCR study on pathways used by refugees*, 2023.

Reuters, 'Evacuations from Afghanistan by country' (https://www.reuters.

com), August 30, 2021.(2024 年 3 月 2 日閲覧)

Shauna Labman, *Crossing Law's Border: Canada's Refugee Resettlement Program*, UBC Press, 2019.

UNHCR『UNHCR 第三国定住ハンドブック』2011 年，および HP 上の実施国別章.

Ian Van Haren, 'Canada's Private Sponsorship Model Represents a Complementary Pathway for Refugee Resettlement', Migration Policy Institute (https://www.migrationpolicy.org), July 9, 2021.(2024 年 3 月 2 日閲覧)

**第 4 章**

明石純一『入国管理政策——「1990 年体制」の成立と展開』ナカニシヤ出版，2010 年.

Osamu Arakaki, *Refugee Law and Practice in Japan*, Routledge, 2008.

安藤由香里・小坂田裕子・北村泰三・中坂恵美子『開かれた入管・難民法をめざして——入管法「改正」の問題点』日本評論社，2024 年.

遠藤理恵「日本におけるウクライナ避難民の受入れ・支援をめぐる現状と課題」『移民政策研究』15 号(特集「多元化する「難民」と日本の政策課題」)，2023 年，219–228 頁.

Naoko Hashimoto, 'Refugee Resettlement to Japan and IOM', *CDR Quarterly*, Vol. 8, October 2013, Center for Documentation of Refugees and Migrants, Human Mobility Studies, Graduate School of Arts and Sciences, University of Tokyo, Japan, pp. 85–106.

橋本直子「特集の趣旨」上掲『移民政策研究』15 号，5–9 頁.

今井和昌・奥利匡史「自衛隊による在外邦人等の輸送の要件等の見直し——防衛省設置法等の一部を改正する法律案の概要」『立法と調査』444 号，2022 年 4 月，18–29 頁.

今井和昌・奥利匡史「在外邦人等の輸送に係る自衛隊法の一部改正——自衛隊法第 84 条の 4 改正に関する国会論議」『立法と調査』447 号，2022 年 7 月，59–73 頁.

木下洋一『入管ブラックボックス——漂流する入管行政・翻弄される外国人』合同出版，2023 年.

岡田隆「カブール陥落一年の記——タリバーン下のアフガニスタンにいかに向き合うか？」『文藝春秋』2022 年 9 月号，424–433 頁.

Tessa Morris Suzuki, *Borderline Japan: Foreigners and Frontier Controls in the Postwar Era*, Cambridge U. P., 2011.

髙橋克彦「アフガニスタンで何が起きたのか——日本政府の対応と今後の教訓」『外交』69 号(特集「カブール陥落の衝撃」)，2021 年 9 月，78–83 頁.

谷田邦一「日本のアフガニスタン退避を検証する(岩崎茂氏インタビュー)」

(https://www.nippon.com), 2021 年 11 月 8 日. (2024 年 2 月 29 日閲覧)

渡辺信「緊迫のアフガン 13 日間退避ドキュメント――退避は失敗だったのか？」NHK 政治マガジン(https://www.nhk.or.jp/politics), 2021 年 9 月 8 日. (2024 年 2 月 28 日閲覧)

### 第 5 章

Goran Adamson, 'Migrants and Crime in Sweden in the Twenty-First Century', *Society*, Vol. 57, 2020, pp. 9-21.
Thomas Feltes, et al., 'More Refugees, More Offenders, More Crime? Critical Comments with Data from Germany', H. Kury, and S. Redo (eds.), *Refugees and Migrants in Law and Policy*, Springer, 2018.
外国人差別ウォッチ・ネットワーク編『外国人包囲網――「治安悪化」のスケープゴート』GENJIN ブックレット, 現代人文社, 2004 年.
Markus Gehrsitz, and Martin Ungerer, 'Jobs, Crime and Votes: A Short-run Evaluation of the Refugee Crisis in Germany', *Economica*, Vol. 89, 2022, pp. 592-626.
岩男壽美子『外国人犯罪者――彼らは何を考えているのか』中公新書, 2007 年.
Maria Jung, 'Immigration and Crime in Canadian Cities: A 35-Year Study', *Canadian Journal of Criminology and Criminal Justice*, Vol. 62-1, 2020, pp. 71-97.
川村真理『難民問題と国際法制度の動態』信山社, 2019 年.
宮下萌編『レイシャル・プロファイリング――警察による人種差別を問う』大月書店, 2023 年.
Alex Nowrasteh, 'Terrorism and Immigration: A Risk Analysis, 1975-2022', *Policy Analysis*, No. 958, CATO Institute, August 2022.
生活保護問題対策全国会議編『外国人の生存権保障ガイドブック――Q&Aと国際比較でわかる生活保護と医療』明石書店, 2022 年.

### 第 6 章

Anna Bailey-Morley, and Claire Kumar, 'Public narratives and attitudes towards refugees and other migrants: Denmark country profile', ODI Country Study, December 2022.
Lise Lund Bjanesoy, 'Effects of the Refugee Crisis on Perceptions of Asylum Seekers in Recipient Populations', *Journal of Refugee Studies*, Vol. 32, Special issue-1, 2019, pp. i219-i237.
Jan-Paul Brekke, et al., 'Selection Criteria in Refugee Resettlement: Balancing vulnerability and future integration in eight resettlement countries', Insti-

tute for Samfunns-Forskning, Report 2021: 3.
(Danish) Ministry of Immigration and Integration, 'International Migration-Denmark: Report to OECD', November 2022.
European Migration Network, 'Resettlement and Humanitarian Admission Programmes in Europe—What Works?', EMN Inform, November 2016.
European Migration Network, 'EMN Annual Report on Migration and Asylum 2022: Sweden', EMN Policy Report, 2022.
European Migration Network, 'Resettlement, Humanitarian Admission and Sponsorship Schemes', EMN Inform, June 2023.
Claus Frelle-Petersen, Andreas Hein, and Mathias Christiansen, 'The Nordic social welfare model: Lessons for reform', Deloitte Insights, April 2020.
Anniken Hagelund, 'After the refugee crisis: public discourse and policy change in Denmark, Norway and Sweden', *Comparative Migration Studies*, Vol. 8-13, 2020, pp. 1-17.
Kerrie Holloway, with Diego Faures and Amy Leach, 'Public narratives and attitudes towards refugees and other migrants: Sweden country profile: second edition', ODI Country Study, November 2021.
星野智「西欧諸国の極右ポピュリズム政党の台頭とその背景」『中央大学社会科学研究所年報』21号，2016年，3-20頁．
岩崎昌子「ノルウェーにおける新右翼政党の成長戦略――「排外主義」からポピュリスト政党へ」『北ヨーロッパ研究』9号，2013年，1-11頁．
可部州彦「ノルウェー第三国定住難民の受け入れ定住支援策――ベルゲン市の定住支援プログラム」『明治学院大学教養教育センター紀要』11巻1号，2017年3月，111-119頁．
Admir Skodo, and Marica Belen Zanzuchi, *Improving Stakeholder Coordination in Refugee Resettlement: A path to more effective, inclusive programmes*, MPI Europe, 2023.
Omer Solodoch, 'Regaining Control? The Political Impact of Policy Responses to Refugee Crises', *International Organization*, Vol. 75-3, 2021, pp. 735-768.
Nikolas Feith Tan, 'The End of Protection: the Danish "Paradigm Shift" and the Law of Cessation', *Nordic Journal of International Law*, Vol. 90-1, 2020, pp. 60-85.
Danielle Lee Tomson, 'The Rise of Sweden Democrats: Islam, Populism, and the End of Swedish Exceptionalism', Brookings Institute, Research (https://www.brookings. edu), March 2020.(2024年3月1日閲覧)
UNHCR, 'Denmark by the Government of Denmark', Country Chapters, *UNHCR Resettlement Handbook*, 2016.
UNHCR, 'Finland by the Government of Finland', Country Chapters, *UNHCR*

*Resettlement Handbook*, 2018.
UNHCR, 'Sweden by the Government of Sweden', Country Chapters, *UNHCR Resettlement Handbook*, 2018.
UNHCR, 'Norway by the Government of Norway', Country Chapters, *UNHCR Resettlement Handbook*, 2021.
University of Gothenburg, SOM Institute, 'Swedish Trends: 1986-2022', 2023.
Anders Widfeldt, 'The Growth of the Radical Rights in Nordic Countries: Observations from the past 20 years', MPI, June 2018.
Anders Widfeldt, 'Populism and the Growth of the Radical Right in the Nordic countries', Nordics Info, Aarhus University (https://nordics.info), May 12, 2023.(2024 年 2 月 28 日閲覧)
Dag Wollebæk, Jan-Paul Brekke, and Audun Fradmore, 'Polarization in a consensual multi-party democracy-attitudes towards immigration in Norway', *Journal of Elections, Public Opinions and Parties*, 2022.

橋本直子

1975年，東京都生まれ．
オックスフォード大学強制移住学修士号，ロンドン大学国際人権法修士号，サセックス大学政治学博士号取得．
在ニューヨーク国連日本政府代表部人権人道問題担当専門調査員，国際移住機関ジュネーヴ本部人身取引対策課プログラム・オフィサー，国連難民高等弁務官事務所北部スリランカ（ワウニヤ事務所）准法務官，外務省総合外交政策局人権人道課国際人権法・人道法調査員，国際移住機関駐日事務所プログラム・マネージャー，一橋大学大学院社会学研究科准教授などを経て，
現在－国際基督教大学教養学部政治学・国際関係学デパートメント准教授．（法務省）難民審査参与員，ロンドン大学高等研究院難民法イニシアチブ・リサーチ・アフィリエイト
専攻－国際難民法，強制移住学，庇護政策研究，国際組織論
著書－『難民を知るための基礎知識』（共著，明石書店），*Migration Policies in Asia*（共編著，Sage） ほか

なぜ難民を受け入れるのか — 人道と国益の交差点

岩波新書（新赤版）2018

2024年6月20日　第1刷発行

著　者　橋本《はしもと》直子《なおこ》

発行者　坂本政謙

発行所　株式会社 岩波書店
〒101-8002 東京都千代田区一ツ橋2-5-5
案内 03-5210-4000　営業部 03-5210-4111
https://www.iwanami.co.jp/

新書編集部 03-5210-4054
https://www.iwanami.co.jp/sin/

印刷製本・法令印刷　カバー・半七印刷


ISBN 978-4-00-432018-0　　Printed in Japan

# 岩波新書新赤版一〇〇〇点に際して

ひとつの時代が終わったと言われて久しい。だが、その先にいかなる時代を展望するのか、私たちはその輪郭すら描きえていない。二〇世紀から持ち越した課題の多くは、未だ解決の緒を見つけることのできないままであり、二一世紀が新たに招きよせた問題も少なくない。グローバル資本主義の浸透、憎悪の連鎖、暴力の応酬――世界は混沌として深い不安の只中にある。

現代社会においては変化が常態となり、速さと新しさに絶対的な価値が与えられた。消費社会の深化と情報技術の革命は、種々の境界を無くし、人々の生活やコミュニケーションの様式を根底から変容させてきた。ライフスタイルは多様化し、一面では個人の生き方をそれぞれが選びとる時代が始まっている。同時に、新たな格差が生まれ、様々な次元での亀裂や分断が深まっている。社会や歴史に対する意識が揺らぎ、普遍的な理念に対する根本的な懐疑や、現実を変えることへの無力感がひそかに根を張りつつある。そして生きることに誰もが困難を覚える時代が到来している。

しかし、日常生活のそれぞれの場で、自由と民主主義を獲得し実践することを通じて、私たち自身がそうした閉塞を乗り超え、希望の時代の幕開けを告げてゆくことは不可能ではあるまい。そのために、いま求められていること――それは、個と個の間で開かれた対話を積み重ねながら、人間らしく生きることの条件について一人ひとりが粘り強く思考することではないか。その営みの糧となるものが、教養に外ならないと私たちは考える。歴史とは何か、よく生きるとはいかなることか、世界そして人間はどこへ向かうべきなのか――こうした根源的な問いとの格闘が、文化と知の厚みを作り出し、個人と社会を支える基盤としての教養となった。まさにそのような教養への道案内こそ、岩波新書が創刊以来、追求してきたことである。

岩波新書は、日中戦争下の一九三八年一一月に赤版として創刊された。創刊の辞は、道義の精神に則らない日本の行動を憂慮し、批判的精神と良心的行動の欠如を戒めつつ、現代人の現代的教養を刊行の目的とする、と謳っている。以後、青版、黄版、新赤版と装いを改めながら、合計二五〇〇点余りを世に問うてきた。そして、いままた新赤版が一〇〇〇点を迎えたのを機に、人間の理性と良心への信頼を再確認し、それに裏打ちされた文化を培っていく決意を込めて、新しい装丁のもとに再出発したいと思う。一冊一冊から吹き出す新風が一人でも多くの読者の許に届くこと、そして希望ある時代への想像力を豊かにかき立てることを切に願う。

（二〇〇六年四月）

## 社会

女性不況サバイバル　竹信三恵子
パリの音楽サロン　青柳いづみこ
持続可能な発展の話　宮永健太郎
皮革とブランド 変化するファッション倫理　西村祐子
動物がくれる力 教育、福祉、そして人生　大塚敦子
政治と宗教　島薗進編
超デジタル世界　西垣通
現代カタストロフ論　金子勝／児玉龍彦
「移民国家」としての日本　宮島喬
迫りくる核リスク 〈核抑止〉を解体する　吉田文彦
記者がひもとく「少年」事件史　川名壮志
中国のデジタルイノベーション　小池政就
これからの住まい　川崎直宏
検察審査会　デイビッド・T・ジョンソン／平山真理／福来寛

ドキュメント〈アメリカ世〉の沖縄　宮城修
東京大空襲の戦後史　栗原俊雄
土地は誰のものか　五十嵐敬喜
民俗学入門　菊地暁
企業と経済を読み解く小説50　佐高信
視覚化する味覚　久野愛
ロボットと人間 人とは何か　石黒浩
ジョブ型雇用社会とは何か　濱口桂一郎
法医学者の使命 「人の死を生かす」ために　吉田謙一
異文化コミュニケーション学　鳥飼玖美子
モダン語の世界へ　山室信一
時代を撃つノンフィクション100　佐高信
労働組合とは何か　木下武男
プライバシーという権利　宮下紘
地域衰退　宮﨑雅人
江戸問答　田中優子／松岡正剛

広島平和記念資料館は問いかける　志賀賢治
コロナ後の世界を生きる　村上陽一郎編
リスクの正体　神里達博
紫外線の社会史　金凡性
「勤労青年」の教養文化史　福間良明
5G 次世代移動通信規格の可能性　森川博之
客室乗務員の誕生　山口誠
「孤独な育児」のない社会へ　榊原智子
放送の自由　川端和治
社会保障再考 〈地域〉で支える　菊池馨実
生きのびるマンション　山岡淳一郎
虐待死 なぜ起きるのか、どう防ぐか　川崎二三彦
平成時代◆　吉見俊哉
バブル経済事件の深層　奥山俊宏／村山治
日本をどのような国にするか　丹羽宇一郎
なぜ働き続けられない？ 社会と自分の力学　鹿嶋敬
物流危機は終わらない　首藤若菜

## 岩波新書/最新刊から

2010 〈一人前〉と戦後社会 ―対等を求めて― 沼尻晃伸・禹宗杬 著

弱い者が〈一人前〉として、他者と対等にふるまうことで社会を動かしてきた。私たちの原動力を取り戻す方法を歴史のなかに探る。

2011 魔女狩りのヨーロッパ史 池上俊一 著

ヨーロッパ文明が光を放ち始めた一五〜一八世紀、魔女狩りという闇が口を開いたのはなぜか。進展著しい研究をふまえ本質に迫る。

2012 ピアノトリオ ―モダンジャズへの入り口― マイク・モラスキー 著

日本のジャズ界でも人気のピアノトリオ。エヴァンスなどの名盤を取り上げながら、その歴史を紐解き、具体的な魅力、聴き方を語る。

2013 スタートアップとは何か ―経済活性化への処方箋― 加藤雅俊 著

経済活性化への期待を担うスタートアップ。アカデミックな知見に基づきその実態を見定め、「挑戦者」への適切な支援を考える。

2014 罪を犯した人々を支える ―刑事司法と福祉のはざまで― 藤原正範 著

「凶悪な犯罪者」からはほど遠い、社会復帰のために支援を必要とするリアルな姿。司法と福祉の溝を社会はどう乗り越えるのか。

2015 日本語と漢字 ―正書法がないことばの歴史― 今野真二 著

漢字は単なる文字であることを超えて、日本語に影響を与えつづけてきた。さまざまなかたちから探る、「変わらないもの」の歴史。

2016 頼山陽 ―詩魂と史眼― 揖斐高 著

詩人の魂と歴史家の眼を兼ね備えた稀有な文人の生涯を、江戸後期の文事と時代状況のなかに活写することで、全体像に迫る評伝。

2017 ひらがなの世界 ―文字が生む美意識― 石川九楊 著

ひらがな＝女手という大河を遡ってその源流を探り、「つながる文字」の本質に迫る。貫之の名品から顔文字、そしてアニメまで。

(2024.6)